Ingrid Auer

Engel begleiten durch Schwangerschaft, Geburt und die Zeit danach

Praxishandbuch

Die im vorliegenden Buch dargestellten Empfehlungen und Methoden sind nach bestem Wissen und Gewissen erklärt. Autorin und Verlag übernehmen daher keinerlei Haftung für Nachteile, die sich eventuell aus dem Gebrauch oder Missbrauch der in diesem Werk erläuterten Empfehlungen und Methoden ergeben können.

1. überarbeitete Auflage (in Buchform) 2006
ISBN-10 3-9502151-2-3, ISBN-13 978-3-9502151-2-0
©2006 by Lichtpunkt & Ekonja-Verlag Ingrid Auer GmbH \\ Wienerstraße 49
\\ A-3300 Amstetten \\ www.engelsymbole.com

Das gesamte Werk ist urheberrechtlich geschützt. Jegliche vom Verlag nicht genehmigte Verwertung ist unzulässig. Dies gilt auch für die Verbreitung durch Film, Funk, Fernsehen, fotomechanische Wiedergabe, Tonträger jeder Art, elektronische Medien sowie für auszugsweisen Nachdruck und Übersetzung.
Umschlaggestaltung, Buchdesign und Satz: Clemens Auer
Druck und Bindung: Druckerei Berger, Horn

Ingrid Auer

Engel begleiten durch Schwangerschaft, Geburt und die Zeit danach

Praxishandbuch
für werdende Mütter und Väter, Hebammen,
Alternativärzte, Heilpraktiker und Energetiker

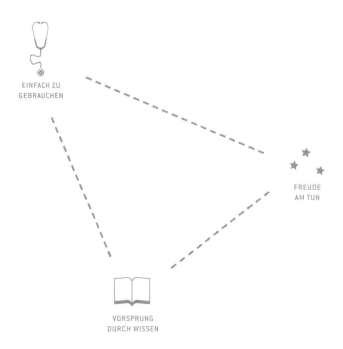

Wenn in diesem Buch von Therapie, Therapeuten und Engel-Therapie die Rede ist, sind damit alle Formen der Heilungsarbeit im feinstofflichen Sinn gemeint. Heilende Engelessenzen und Engelöle sind Hilfsmittel, die ein Heilwerden des feinstofflichen Körpers ermöglichen. Diese Essenzen und Öle sind keine Heilmittel im medizinischen Sinne und ersetzen weder Arzt noch Medikamente.

Danke

Ich danke meinem persönlichen Engel EKONJA, der mich bei der Ausführung meiner Aufträge stets lenkt und leitet. Ihm zu Ehren benenne ich meinen Verlag nach seinem Namen und stelle ihn unter seinen Schutz und seine Führung.

Inhalt

08-09 Ein Wort zuvor

10-20 Teil 01: Wissenswertes über die Engelwelt und die Kinder der Neuen Zeit

10	Engel als himmlische Helfer
11	Empfängnis und die Zeit davor
12	Die Wiederkehr der Seele
13	Wanderkarte für das neue Leben
14	Abstieg zur Erde
14	Die Neue Zeit
15	Der Transformationsprozess
17	Die fünf Entwicklungsstufen der menschlichen Seele
18	Die Neuen Kinder

21-57 Teil 02: Empfängnis, Schwangerschaft und Geburt aus der Sicht der Engel

21	Mein persönlicher Seelenauftrag
24	Dialog mit der Engelwelt

58-131 Teil 03: Engelsymbole, Engelessenzen und Engelöle für Schwangerschaft, Geburt und die Zeit danach   *praxisteil*

58	Neue Hilfs- und Heilmittel für eine Neue Zeit
59	Engelsymbole und Engelessenzen sind die ‚Medizin' des dritten Jahrtausends
60	Was bewirken diese Hilfsmittel aus der Engelwelt?
61	Engel mögen es einfach - Wir Menschen sind manchmal etwas kompliziert
62	Engelsymbole - Schlüssel zur Engelwelt
63	Was sind Engelessenzen?
63	Was sind Engelöle?
63	Und was sind Engel-Aura-Essenzen?
64	Wie Engelessenzen und Engelöle wirken
65	Das Besondere an Engelessenzen und Engelölen
66	Anwendung
69	Herstellung und Inhaltsstoffe
70	Die wichtigsten Engelessenzen und Engelöle für Schwangerschaft, Geburt ...
114	Tabellarischer Überblick über die wichtigsten Essenzen und Öle
115	Anwendungsbereiche der Engelessenzen und Engelöle
128	Die richtige Auswahl
130	Aufbau einer Grundausstattung

132-141 *Teil 04: Engelmeditationen* praxisteil

133 Empfängnis
135 Schwangerschaft
137 Geburtsvorbereitung
139 Die Zeit nach der Geburt

142-145 *Teil 05: Aufarbeitung von Schwangerschaft und Geburt mit Hilfe aus der Engelwelt* praxisteil

142 Engelhilfe für Energiearbeit: Engelsymbole und Engel-Therapiesymbole
143 Einsatz und Wirkung
144 Die (eigene) Schwangerschaft und Geburt aufarbeiten

146-156 *Teil 06: Interviews*

146 „Du mit deinen Zaubermitteln!"
150 „Das Kind hat die ganze Zeit gelächelt"
152 „Es ist wie ‚Engel-Babymassage' "
154 „Es wirkt!"

157-176 *Anhang*

157 Aura und Chakren - kurz erklärt
159 Die sieben Haupt-Chakren im Überblick
166 Heilung der feinstofflichen Körper und Chakren
166 Heilung auf höchster Ebene
167 Besetzungen, Fremdenergien
170 Glossar
171 Übertragungskarte
172 Publikationen
176 Kontakt

Ein Wort zuvor

Blicken wir zurück auf die Jahre 1982 und 1983. Schwangerschaft und Geburt meiner beiden Kinder brachten mich erstmals in direkten Kontakt zum Beruf einer Hebamme. Weder in meiner Familie noch in meinem Freundeskreis gab es Frauen, die in sozialen oder medizinischen Berufen arbeiteten. Doch das sollte sich noch gründlich ändern.

Ich bekam Hochachtung vor jener Hebamme, die mir bei meinen beiden Geburten zur Seite stand, und vor allem vor ihrer Arbeit, die meist im Stillen geschah. Damals hatten die Hebammen kaum Möglichkeiten, sanfte und alternative Schwangerschafts- und Geburtshilfen einzusetzen. Es regierte ausschließlich die Technik im Kreißsaal. Dennoch vermittelte meine Hebamme in den Geburtsvorbereitungsstunden etwas, was mich tief in meinem Innersten berührte: Die Ehrfurcht und Achtung vor einer schwangeren Frau und die Einzigartigkeit jeder Geburt. Ich ehrte und schätzte die Arbeit meiner Hebamme sehr und denke noch heute dankbar an sie.

Jahre vergingen. Ich war mit meiner persönlichen und spirituellen Weiterentwicklung, mit Krisen und Neuanfängen beschäftigt. In der Zwischenzeit hatte ich begonnen, als spirituelle Kinesiologin, besser gesagt: als kinesiologische Energetikerin zu arbeiten, als ich eine andere Hebamme kennen lernte. In zahlreichen Gesprächen erzählte sie mir, wie sie spirituelle Schwangerschafts- und Geburtsvorbereitung zu vermitteln versucht. Nicht immer wurde und wird ihr von werdenden Müttern, geschweige denn von KollegInnen und ÄrztInnen das Verständnis entgegengebracht, das sie sich wünscht. Viele Frauen sind damit überfordert, klammern sie sich doch in ihren Ängsten an die reine Schulmedizin, völlig vergessend, dass Geburt keine Krankheit, sondern ein natürlicher Vorgang ist.

In der Zwischenzeit habe ich noch weitere Hebammen, auch spirituelle Hebammen, aufgeschlossene Schwangere und Mütter, Frauen mit Ausbildung in Babymassage kennen gelernt. Zufällig? Zufälle gibt es nicht, was sich mittlerweile herumgesprochen hat.

Gleichzeitig waren die Engel in mein Leben getreten. Zuerst sanft und lautlos, dann unübersehbar, um mich an meinen Lebensplan, meine Vereinbarung mit ihnen zu erinnern: Meine Seele hatte sich vor dieser Inkarnation[1] offenbar bereit erklärt, mit der Engelwelt zusammenzuarbeiten, die Engel den Menschen näher zu bringen und im Zusammenwirken mit der Engelwelt Engelsymbole, Engelessenzen und Engelöle herzustellen.

Dass sich unter den Engelsymbolen[2] so viele für Schwangerschaft, Geburt, Frauen, Mütter und Kinder befinden, bemerkte ich erst, nachdem ich sie gemacht hatte. Heute wundert mich das nicht mehr. Gerade unsere Babys, die Menschen und

[1] Siehe Seite 12: „Die Wiederkehr der Seele"

[2] Siehe Seite 62: „Engelsymbole – Schlüssel zur Engelwelt"

Lichtträger von morgen, benötigen mehr denn je bei ihrem Eintritt in die irdische Welt Unterstützung durch die geistige Ebene, die Engelwelt. Diese Seelen kommen aus dem Licht, sie kommen aus der Welt, in der die Engel den Menschenseelen am allernächsten sind, und treten hier in eine sehr dichte, materielle, zum Teil grausame und brutale Welt ein. Zum Ausgleich dieser negativen Energien bekamen wir von der Engelwelt energetische Hilfsmittel in einem Ausmaß zur Verfügung gestellt, wie das zuvor noch nie geschehen war. Ja, die Engelwelt versorgt uns mit liebevollen, schützenden und bewahrenden Energien.

Ich persönlich wäre sehr froh gewesen, hätte ich das alles bereits vor zwanzig Jahren gewusst, was mir heute zu diesem Thema zur Verfügung steht. Wie vieles würde ich heute anders machen! Insgeheim beneide ich alle Mütter, die die Möglichkeit haben, neben der medizinischen Betreuung ihrer Schwangerschaft auch mit den feinstofflichen Hilfen zu arbeiten, mit Meditationen, Engelkontakten, Engelsymbolen, Engelessenzen und Engelölen.

Was mir selbst in diesem Leben versagt geblieben ist, möchte ich allen werdenden Müttern und jenen Menschen, die sie durch Schwangerschaft und Geburt begleiten, in diesem Buch anbieten: Einen völlig neuen Zugang zu himmlischen Helfern, mit dem sie ihre Schwangerschaft und Geburt noch angenehmer, liebevoller,

beschützter, angstfreier erleben können.

Für all jene - und ich denke, das sind die meisten von uns -, die nicht das Glück hatten, bereits in Schwangerschaft und Geburt von ihren Müttern mit Engelsenergien unterstützt zu werden, gibt es noch eine gute Nachricht: Schwangerschaftsprobleme, Geburtstraumata, aber auch karmische Belastungen aus der Vergangenheit lassen sich jetzt mit Hilfe der Engelsymbole und Engelessenzen auch noch viele Jahre nach ihrer Entstehung in therapeutischen Sitzungen einfach auflösen. Mehr und mehr Ganzheitsmediziner, Energetiker und Therapeuten, die in den Bereichen Psychotherapie, Atemtherapie, Rebirthing, Reinkarnation, Körpertherapie, Craniosacrale Therapie, Kinesiologie, Familienstellen, Ganzheitsmassage etc. tätig sind, erkennen den unschätzbaren Wert dieser Engelsymbole und Engelessenzen und integrieren sie in ihren persönlichen Alltag und die Arbeit mit den ihnen anvertrauten Menschen.

Lassen Sie sich nun ein auf die Engelwelt. Sie werden spüren, welche großartige und liebevolle Hilfe Sie hier erwartet!

Herzlichst

Wissenswertes über die Engelwelt und die Kinder der Neuen Zeit

 Unsere Vorstellungen von Engeln müssen ‚entkitscht' und entstaubt werden

Engel als himmlische Helfer

Wir leben in einer Zeit bedeutsamer Veränderungen. Egal in welchen Lebensbereichen, ob in der Gesellschaft, in der Politik, in der Natur oder im Privatleben: Alte Werte, Muster und Normen verändern sich, Strukturen brechen auf und Neues entsteht. Hatte man sich in den letzten Jahrzehnten und Jahrhunderten dem materialistischen, wissenschaftsgläubigen Weltbild zugewandt und alles Mystische, Spirituelle in einen Randbereich gedrängt, ja, verachtet, entwertet oder zumindest milde belächelt, so erkennen mehr und mehr Menschen, dass das Leben in seiner Gesamtheit mehr als Intellekt, Technik und Wissenschaft beinhaltet.

Durch Lebens- und Sinnkrisen, durch schwere Krankheiten und Schicksalsschläge öffnen sich immer mehr Menschen für eine Welt, die für viele von uns im Verborgenen liegt: Die Welt der Engel, Geistführer, Naturwesen, Aufgestiegenen Meister und andere. Engel beispielsweise hatten in unserer Kultur bisher vielfach nur die Funktion von schmückendem Beiwerk: Sie sind lieblich, putzig, goldig, kitschig dargestellt mit dicken Bäckchen und dicken Beinchen, goldenen Flügeln und einem Musikinstrument in der Hand. Aus diesen Bildern lässt sich leicht ableiten, welche untergeordnete Bedeutung und bescheidene Aufgaben ihnen zugedacht sind.

Bis in die heutige Zeit war es meist nur dem Klerus und einigen wenigen Menschen, die sich mit Angelogie beschäftigt hatten, vorbehalten, über Engel zu schreiben. Wie konnte denn ein Laie etwas über Engel wissen? Dadurch wurde eine künstliche Distanz zwischen den Menschen und der Engelwelt aufrechterhalten. Nur im Volksglauben hatten Engel immer ihren festen Platz. Doch das hat sich in den letzten Jahren allmählich verändert. Mehr und mehr Menschen haben bereits eine persönliche Begegnung mit ihren Schutzengeln erlebt, interessieren sich für Engel, spüren deren Energien stärker und stärker.

Engel sind unsere ständigen Begleiter und Freunde auf der geistigen Ebene: Geistwesen und geistige Helfer, bereit, uns Menschen hier auf der Erde zu helfen und zu unterstützen. Wir benötigen ihre Kräfte, um positive Veränderungen herbeizuführen. Engel brauchen Menschen – und Menschen brauchen Engel! Engel wachsen an und mit uns Menschen, genauso wie wir mit den Engeln wachsen können. Engel brauchen Menschen, die hier auf der Erde, auf der physischen Ebene ihre Impulse, Anregungen und Anleitungen umsetzen. Ebenso brauchen Menschen die Engel, wenn sie nicht mehr weiterkommen, wenn sie in einer Sackgasse stecken, wenn sie Probleme haben. Eine Symbiose zwischen Mensch und Engel ist erstrebenswert und für den positiven Fortgang der Menschheit auf dem Planeten Erde unbedingt erforderlich! Im Universum gibt es verschiedene Engelgruppen, die für diverse Aufgaben zuständig sind: Erzengel, Helferengel, Heilerengel, Schutzengel, Geburtsengel, Todesengel, Schöpferengel und viele mehr! Ein Zusammenwirken mit ihnen fördert die spirituelle Entwicklung der Menschen und ermöglicht ein „Heilwerden" unserer Erde.

Nun, im beginnenden Wassermann-Zeitalter[3], da sich die feinstofflichen Energien und Frequenzen der Menschen und des Planeten Erde sehr stark verändern, wird es für viele Menschen einfacher, mit Engeln zusammenzuarbeiten: Unsere menschlichen Schwingungen erhöhen sich und nähern sich mehr und mehr der spirituellen feinstofflichen Welt. Der Schleier zwischen der irdischen und der geistigen Welt lichtet sich. Dadurch können wir noch leichter und noch viel intensiver mit der Engelwelt in Berührung und in Verbindung kommen.

Die Kinder, die seit den Achtzigerjahren zur Welt kommen, stehen mit den Engelwelten enger und nachhaltiger in Verbindung als alle Generationen vor ihnen. Sie sind Wegbereiter, Lehrer und Mahner zugleich. Viele von ihnen kommen mit einem großen Auftrag zur Welt. Sie stehen besonders in den ersten Lebensjahren sehr eng mit der Engelwelt in Verbindung – ob sie darüber sprechen oder nicht. Es liegt an uns Erwachsenen, diesen Kindern einen optimalen Empfang zu bereiten, sie zu beschützen und zu begleiten. Voraussetzung dafür ist, dass wir uns der Geistigen Welt, aus der die Neugeborenen zu uns kommen, nähern und uns mit ihr vertraut machen.

Empfängnis und die Zeit davor

Viel wird über die Empfängnis eines Kindes geschrieben, medizinisch-wissenschaftlich dokumentiert und in Bildern festgehalten. Doch wie sieht eine Empfängnis aus feinstofflicher, ätherischer Sicht aus? In einem Bereich, in den unsere Wissenschaftler noch nicht vorgedrungen sind. Und wo ist die Seele, bevor sie einen menschlichen Körper annimmt?

Es gibt Berichte von aurasichtigen, medial hochbegabten Menschen, die die Empfängnis und die Zeit davor beschreiben. Diese Aussagen ähneln einander, und es ist davon auszugehen, dass sie der Realität sehr nahe kommen. Das größte Handicap einer solchen Beschreibung ist unsere sprachliche Begrenztheit, da es für vieles zwischen Himmel und Erde in unserem menschlichen Wortschatz keine Begriffe gibt. Wenn ein Mensch stirbt, wechselt er von der irdischen in die geistige Ebene. Aber er bleibt auf der gleichen Entwicklungsstufe, von der er aus dem irdischen Leben gegangen ist. Das heißt, wechselt eine hoch entwickelte Seele vom irdischen Leben in die Geistige Welt, kommt sie dort auf einer entsprechend hohen Ebene an.

Alles, was wir aus dem menschlichen Leben an geistig-spiritueller Entwicklung und Erfahrung zum Zeitpunkt des Todes mitnehmen, bleibt uns in der Geistigen Welt erhalten. Es gibt dort auch viele verschiedene Bewusstseinsebenen, in denen sich Verstorbene unterschiedlicher spiritueller Entwicklung befinden. Nicht alle Verstorbenen können miteinander kommunizieren, weil sie sich auf verschiedenen Entwicklungsstufen befinden[4]. Es gibt Ebenen, auf denen sich die weniger entwickelten Seelen befinden. Diese erleben die Rückkehr in einen Menschenkörper in einer Art Halbschlaf, manchmal sogar wie im Tiefschlaf.

Stirbt ein Mensch im hohen Alter, bleibt er manchmal in „Gestalt" eines Greises auf der geistigen Ebene, bis er wieder inkarniert, also wieder in einem menschlichen Körper auf die Erde zurückkehrt. Das erklärt, warum Menschen, die Begegnungen mit Verstorbenen haben, diese häufig in dem Alter sehen, in dem sie die Erde verlassen haben. Manche andere Verstorbene nehmen ein Alter auf der Seelenebene an, in dem sie sich zu Lebzeiten sehr wohl

gefühlt haben. Das bedeutet, die Seele, die sich bereitmacht, um auf die Erde zurückzukehren, ist kein kleines Kinderseelchen, wie man annehmen möchte, sondern bereits eine Menschenseele zum Zeitpunkt ihres damaligen Todes. Vergessen Sie nicht: Babys sind alte Seelen in einem jungen Körper.

Verletzungen oder Krankheiten, die im vergangenen Leben zum Tode geführt haben, aber auch die Ursachen und Todesumstände sind energetisch noch immer in der Aura[5] vorhanden, wenn eine Seele auf die Erde zurückkehrt. Hat die Seele Angst vor einer neuerlichen Krankheit und projiziert sie viel Angstenergie in die körperliche Schwachstelle, kann das Neugeborene mit einer angeborenen Schwäche oder Krankheit zur Welt kommen.

Die Wiederkehr der Seele

Viele Menschen stoßen sich immer noch an der Vorstellung der Wiedergeburt. Denn was in der frühen christlichen Lehre ursprünglich in der Bibel verankert war, wurde einige hundert Jahre nach Christi Geburt aus gesellschaftspolitischen Überlegungen wieder herausgestrichen. Die Lehre der Reinkarnation spricht auch vom „Rad der Wiedergeburt". Manche Menschen glauben, dass sich dieses Rad unendlich weiterdreht, da man ja ständig neue Ursachen setzt, die man irgendwann selbst an sich als Wirkung erfahren muss. Das ist aber nicht so. Man

[4] Vgl. „Der Junge mit den lichten Augen". Cyrill, Scott. Grafing 2000

[5] Siehe Seite 157: „Aura und Chakren – kurz erklärt"

steigt aus dem Rad der Wiedergeburt aus, sobald man eine bestimmte Entwicklung oder Reife erlangt hat. Vergleichbar wäre das mit unserem derzeitigen Schulsystem. Jeder von uns muss zumindest die Pflichtschule besuchen. Der Lehrplan ist vorgegeben, auch wenn er von Schule zu Schule ein wenig anders umgesetzt wird. Zwar sind wir als Schüler an die Rahmenbedingungen des Schulunterrichts gebunden, dennoch ist es unser freier Wille, sie zu erfüllen. Mit allen Konsequenzen. Sind wir fleißig, kommen wir schneller durch alle Schulstufen, sind wir faul und bequem oder uneinsichtig, müssen wir die eine oder andere Klasse wiederholen.

Genauso ist es mit den Seelen. Sie alle haben sich vorgenommen, diese „Erdenschule" zu durchlaufen. Jede in ihrem eigenen Tempo und nach ihren Fähigkeiten. Haben sie nun alles gelernt, geht die Entwicklung in der feinstofflichen Welt weiter. Dabei sind keine Grenzen gesetzt, da es in der spirituellen Welt auch keine Grenzen gibt.

Wir können aber auch - als voll entwickelte Seele - freiwillig wieder auf die Erde zurückkehren, um andere Menschen bei ihrer Entwicklung zu begleiten. Wie ein kleines Mädchen in meinem Freundeskreis. Von ihrem Schutzengel haben wir durch ein Medium erfahren, dass ihre jetzige Inkarnation hier auf der Erde für sie persönlich nicht mehr nötig gewesen wäre. Sie ist eine hoch entwickelte Seele, die nur für ihre Eltern noch einmal gekommen

ist. Das geschah freiwillig und ist ein großer Liebesdienst, der meist zwischen Eltern und Kindern, Partnern und guten Freunden geschieht. Viele dieser hoch entwickelten Seelen kommen auch deshalb freiwillig noch einmal, um die feinstoffliche spirituelle Entwicklung auf der Erde zu unterstützen.

Wanderkarte für das neue Leben

Viele Seelen sind ihren geistigen Führern, den Schutzengeln und allen anderen Engeln und Geistwesen sehr nahe. Die Kommunikation zwischen ihnen erfolgt mit Hilfe von Licht- und Gedankenenergien. Aufgestiegene Seelen überblicken ihr vergangenes Leben und wissen, was sie noch nicht gelernt und erfahren haben. Um die fehlenden Erfahrungen zu machen, beschließen Seelen, gemeinsam mit ihren Schutzengeln nach einiger Zeit wieder hierher auf die Erde zurückzukehren.

Dies alles erfolgt genau nach Plan. Gemeinsam mit den Schutzengeln und dem Höheren Selbst[6] entwerfen sie die „Wanderkarte" für das kommende Leben: Zeitpunkt, Ort und Umstände ihrer Geburt, die Eltern und somit das soziale Umfeld, alle wichtigen Begegnungen in diesem Leben, alle Partner, Freunde, Feinde, ihre Fähigkeiten, Stärken, Talente, aber genauso ihre Hürden, Stolpersteine und Blockaden. Nachlesen kann man diese Wanderkarte im Horoskop. Ja, Sie haben richtig gelesen! Ich meine nicht die halbseidenen Horoskope in diversen Klatschblättern. Nein, Astrologie ist eine hohe Kunst, die seit vielen Jahrtausenden existiert, und es gibt leider nur wenig wirklich gute Astrologen, die diese Kunst beherrschen! Das, was die Seele als Lernprogramm in das kommende Leben mitbringt, wird als ↘ **Karma**[7] bezeichnet: Alle Lernaufgaben, die sie in früheren Leben noch nicht gelernt hat, alle zwischenmenschlichen Erfahrungen aus früheren Inkarnationen, die sie noch nicht gemacht hat - egal, ob freud- oder leidvoll - und vieles mehr. Zahlreiche Werke wurden zu diesem Thema geschrieben. Es übersteigt den Rahmen dieses Buches, darauf näher einzugehen. Doch sollte das Wissen um Karma und Wiedergeburt ein fundamentales Grundwissen für alle Menschen sein, die ganzheitlich arbeiten.

Abstieg zur Erde

Jahre oder aber auch Jahrzehnte nach ihrem Tod als Mensch bereitet sich die Seele wieder auf eine Rückkehr zur Erde vor. Die Seele hat sich nun ein Elternpaar ausgewählt. Die Zeugung eines Kindes geschieht auf der energetischen Ebene meist Monate vor der Zeugung auf der irdischen Ebene.

Das muss nicht bedeuten, dass die zukünftigen Eltern gleichzeitig ein Kind „planen". Bei jedem Zeugungsakt wird nun die Seele angezogen, die den intensiven Wunsch hat, bei diesem Elternpaar zu leben. Diese Seele wartet auf „ih-

ren" Augenblick und ist nicht selten an Verhütungspannen beteiligt, um inkarnieren zu können. Wenn eine Seele ein bestimmtes Paar als seine Eltern ausgesucht hat und diese beiden aber unfruchtbar sind oder verhüten, bleibt sie oft in der Nähe dieses Paares. Manchmal kommt es dabei vor, dass sie sich energetisch an die Mutter klammert. Dies kann zu Scheinschwangerschaften, Schwangerschaftsbeschwerden wie Spannungen in der Brust, Müdigkeit oder Übelkeit führen. Dies nennt man eine feinstoffliche Schwangerschaft.

Die Neue Zeit

Die Menschheit geht seit einigen Jahrzehnten in ein neues Zeitalter hinein, was nichts mit einer historischen Epoche im herkömmlichen Sinn zu tun hat. Es geht um eine weitaus größere Dimension: Wir stehen am Beginn des so genannten Wassermann-Zeitalters, des Goldenen Zeitalters, wie es auch genannt wird. Uralte Systeme der Zeitrechnung, wie etwa der Maya-Kalender, der seit Zigtausenden von Jahren nichts an Gültigkeit verloren hat, belegen übereinstimmend, dass im Jahr 2012 eine ca. 26.000-jährige Epoche zu Ende gehen und eine neue beginnen wird. Diesen Zeitabschnitt nennt man ein Kosmisches Jahr.

Ein Kosmisches Jahr wiederum unterteilt sich - ähnlich unserem Kalender - in zwölf Kosmische Monate. Wir leben nun im auslaufenden Fische-Zeitalter, das etwa um Christi

[7] Siehe Glossar

Geburt begann, und gehen hinein ins Wassermann-Zeitalter, das uns die nächsten 2.000 Jahre prägen wird. Gleichzeitig mit diesem Wechsel steuern wir in eine erhöhte Schwingungsebene. Wissenschaftler sprechen von dramatischen geophysikalischen und seismischen Veränderungen, die uns bevorstehen. Diese veränderten Strahlungen, die seit geraumer Zeit auf der Erde auftreffen, erhöhen auch die Frequenz des biologischen Körpers. Dabei kommt es häufig zu weniger angenehmen körperlichen Symptomen wie chronischer Müdigkeit, Schlafstörungen, Schmerzanfälligkeit oder mentalen Störungen. Diese Symptome können allesamt bisher von der Schulmedizin nicht behoben werden.

Der Transformationsprozess

Die so genannte Neue Zeit, auch New Age oder Wassermann-Zeitalter genannt, ist eng verknüpft mit dem Transformationsprozess, der weltweit - merklich oder unbemerkt - abläuft. Dieser Prozess, von manchen auch Lichtkörperprozess genannt, wird seinen Höhepunkt etwa im Jahr 2012 erreichen. Es übersteigt den Rahmen dieses Praxishandbuches, den Transformationsprozess im Detail zu erklären. Deshalb lesen Sie die wunderschöne Parabel, die Tashira Tachi-ren von Erzengel Ariel im Jahr 1990 medial erhalten[8] hat. Diese zeigt bildhaft auf, worum es im Transformationsprozess geht:

[8] Vgl. „Der Lichtkörper-Prozess". Tachi-ren, Tashira. Freiburg 2001

Stell dir ein kugelrundes, versiegeltes Aquarium vor, das in einem anderen, viel größeren Aquarium steht. Die Fische im großen Aquarium können in die Kugel schauen, doch die Fische in der Kugel nicht nach außen. Die Glaskugel ist ihre einzige Realität. Das große Aquarium ist mit Salzwasser gefüllt, in dem viele wunderschöne Arten von Anemonen, Krabben und Fischen leben. Die versiegelte Kugel dagegen ist mit Süßwasser gefüllt, und Goldfische leben in ihr. Plötzlich beginnt ein Prozess, durch den das Glas der Kugel dünner und dünner wird. Kleine Mengen an Salzwasser sickern durch, und die Goldfische müssen sich rasch weiterentwickeln, damit sie diese Veränderungen verkraften können. Da das Glas dünner wird, beginnen die Goldfische kurze Blicke auf die Kreaturen im großen Aquarium zu erhaschen. Einige Goldfische halten die anderen für ihre Feinde und versuchen mutig, ihre Kugel vor der drohenden Invasion zu schützen. Sie halten die Anemonen für schlecht und beschuldigen andere Goldfische, von ihnen beeinflusst zu werden. Diese Goldfische verbergen ihre eigene Angst, projizieren jedoch ihre Angst in ihre Umgebung. Andere Goldfische vermuten, dass die Fische im Aquarium schon seit langer Zeit die Glaskugel und ihre Bewohner kontrollieren. Sie sehen sich und die anderen Goldfische als hilflose Opfer. Sie glauben, dass die Kreaturen auf der anderen Seite des Glases sie gefangen halten, um sie eines Tages aufzufressen.

Und da sich nun die Glaskugel mehr und mehr auflöst, begegnen sie jedem neuen Tag mit großer Angst. Einige Goldfische sehen die Fische auf der anderen Seite des Glases als heilige, allmächtige Götter. Damit geben sie ihre eigene innere Autorität völlig auf und pendeln zwischen Gefühlsextremen hin und her. Einmal empfinden sie sich als Auserwählte, ein anderes Mal als unwürdig und wertlos. Sie versuchen, verborgene Botschaften ihrer ‚Meister' zu interpretieren, und richten ihre Handlungen und Glaubenssätze danach aus. Sie schwimmen in der Kugel hin und her und verursachen viele Luftblasen, aber keine dauerhaften Effekte.

Einige der Goldfische halten diese anderen Kreaturen für Brüder und staunen über die unglaublichen Variationen, die 'der Große Fisch' verwendet, um sich selbst auszudrücken. Sie folgen dem Geist des Großen Fisches mit jeder Kieme und jeder Flosse und empfinden Ekstase, da sie sich langsam darauf vorbereiten, bald in größeren Gewässern zu schwimmen.

Die Kinder, die seit den beginnenden Achtzigerjahren zur Welt kamen, sind bereits überwiegend „Salzwasser-Fische". Wir Erwachsene sind noch „Süßwasser-Fische", die den Übergang ins Salzwasser lernen müssen. Unsere Aufgabe ist es, den „Salzwasser-Kindern", die hier und heute zur Welt kommen, ein Überleben im Süßwasser bzw. im Brackwasser zu ermöglichen. Die Engelwelt hilft uns dabei!

Die fünf Entwicklungsstufen der menschlichen Seele[9]

Um die Bedeutung der Kinder, die jetzt zur Welt kommen, noch besser zu erkennen, ist es wichtig zu wissen, dass sie allesamt hoch entwickelte Seelen sind. Derzeit kann man die auf unserem Planeten Erde lebenden Menschen in fünf Seelen-Gruppen einteilen.

1. Entwicklungsstufe: Ein Mensch dieser Seelengruppe hat einerseits Angst vor der Welt, andererseits unterliegt er ihrer Faszination. Der Familienverband ist ihm sehr wichtig. Er braucht viel Nähe und Geborgenheit und hält keinem Leistungsdruck stand. Am wohlsten fühlt er sich in einer Großfamilie, in einer Gruppe oder Sippe. Er hat keine Angst, solange jemand in der Nähe ist, auf den er sich verlassen kann. Er ist geprägt von der Angst vorm Alleinsein und tut sich schwer, (wirtschaftlich) für sich selbst zu sorgen.

2. Entwicklungsstufe: Menschliche Neugierde macht sich breit. Die Interessen dieser Seelengruppe sind vielseitig. Aber nicht Teilnehmen ist angesagt, sondern beobachten, Fragen stellen, Informationen aufsaugen. Der Mensch auf dieser Entwicklungsstufe hat Angst, Verantwortung für sich und andere zu tragen, übernimmt unkritisch alle Informationen und betrachtet sie als Wahrheit, nach der er lebt.

3. Entwicklungsstufe: Ein Mensch der dritten Seelenebene probiert alles selbst aus, sammelt viele Erfahrungen und schaut sich alles an. Im Allgemeinen ist er sehr risikobereit, aber auch unvernünftig und wägt nichts ab. Grenzen werden nicht als solche erkannt oder nicht akzeptiert, auch leidet er unter Selbstüberschätzung. Er lebt in einer Scheinwelt. Überhaupt ist es ihm sehr wichtig, den Schein und seine heile Welt nach außen um jeden Preis bewahren zu wollen.

4. Entwicklungsstufe: Auf dieser Ebene ist es dem Menschen wichtig, Erfahrungen zu sammeln und sie auch zu verstehen, zu hinterfragen, zu verarbeiten und Schlüsse daraus zu ziehen. Er lernt mehr und mehr Prioritäten zu setzen und Schein von Wirklichkeit zu unterscheiden. Innere Werte werden wichtig, er strebt

[9] Vgl. „Der Aufstieg der Erde 2012 in die fünfte Dimension", Kretzschmar, Ute. Seeon 2002

nach Wahrheit und Wahrhaftigkeit. Dabei zieht er sich häufig zurück oder meditiert. Auch Äußerlichkeiten sind für ihn nicht mehr so wichtig.

5. *Entwicklungsstufe:* Menschen dieser Seelenebene haben eine natürliche Spiritualität entwickelt, sie haben einen unbefangenen Zugang zur Geistigen Welt. Mehr und mehr machen sie Grenzerfahrungen. Sie sind Lichtarbeiter, Energiearbeiter, die ihrer geistigen Führung folgen und ihr inneres Potenzial entwickeln. Sie gehen klar ihren eigenen, inneren Weg und stehen in engem Kontakt mit der Geistigen Welt. Oft strahlen sie Ruhe, Frieden, natürliche Autorität und Geborgenheit aus.

Jede Seele durchläuft bei jeder Inkarnation alle Ebenen. Die eine kommt dabei weiter voran als die andere. Derzeit leben noch Menschen aller fünf Entwicklungsstufen auf unserem Planeten. So war beispielsweise in den Achtzigerjahren die dritte Seelengruppe am stärksten hier auf Erden vertreten: Schein und Sein, Eitelkeit, Kapitalismus, Probleme unter den Tisch kehren, Spiritualität belächeln - wer erinnert sich nicht daran? Seit den Neunzigerjahren kommen überwiegend Seelen der vierten und fünften Ebene zur Welt. Die anderen haben die Chance, sich weiterzuentwickeln oder sich (vorzeitig) von diesem Planeten zu verabschieden.

Die Neuen Kinder

Da Sie nun wissen, was es mit dem Wassermann-Zeitalter, dem Transformationsprozess und den Seelenebenen auf sich hat, schauen wir uns die Veränderungen der Menschen, die durch dieses Zeitalter geprägt werden, genauer an.

Die so genannten „Neuen Kinder, Sternenkinder, Indigo-Kinder" etc. haben eine andere Art des Bewusstseins. Das heißt, sie wissen vom Zeitpunkt ihrer Geburt an, wer sie sind und welchen Auftrag sie in diesem Leben zu erfüllen haben. Dies kann in den ersten Lebensjahren noch ein wenig verschleiert sein, doch wenn diese Kinder Eltern haben, die sie fördern und unterstützen, werden sie ihren Auftrag bald deutlich und klar vor Augen sehen.

Einige der Neuen Kinder kommen in Familien zur Welt, in denen Vater oder Mutter bereits Vorläufer der Neuen Kinder sind. Es gibt zahlreiche Menschen, die sich bereits vor zwanzig, dreißig Jahren mit Spiritualität, Wiedergeburt, alternativer Heilung, Engeln und anderen geistig-spirituellen Themen befassten und diese auch zum Inhalt ihres Lebens machten. Meist jedoch im Verborgenen, denn die Zeit war einfach nicht reif dafür. Doch sie bereiteten den Weg für die Kinder der Neuen Zeit vor. Sie fühlten bereits als Kind, dass sie anders als die anderen waren. Eine junge Frau in meinem Freundeskreis beschrieb das folgendermaßen:

> Viele Jahre meines Lebens wusste ich nicht, was ich hier sollte. Ich kam mir fast wie eine Außerirdische vor. Die Werte unserer Gesellschaft waren mir nicht wichtig, und ich stellte mir bereits als kleines Mädchen die Frage nach dem Sinn des Lebens, die mir keiner beantworten konnte. So gingen die Jahre dahin, und ich war oft müde, traurig und depressiv. Dabei hatte ich alles: Ich war intelligent, hübsch, mir fehlte es auch materiell an nichts.
>
> Erst als ich nach vielen Jahren der Sinnlosigkeit von der spirituellen Seite des Lebens erfuhr, blühte ich auf. Ich lernte andere Menschen kennen, die mich verstanden, las Bücher über geistige, kosmische Gesetze, über Engel und Naturwesen und wusste, dass das meine geistige Heimat ist. Erst seit kurzem geben mir auch andere Menschen preis, dass sie so denken und fühlen wie ich. Dadurch habe ich nach vielen Jahren des Alleinseins endlich meine Seelengefährten gefunden.

Die Neuen Kinder handeln und entscheiden vielfach aus ihren Gefühlen heraus und wehren sich oft gegen die Vorstellungen der Erwachsenen. Viele von ihnen haben auch eine stärker ausgeprägte Intuition als die meisten Erwachsenen. Sie wissen genau, was ihnen gut tut, was ihnen schadet, genauso wer ihnen gut tut und wer ihnen schadet. Meist wird das leider als kindliche Flausen abgetan.

Eine wichtige Gruppe innerhalb der Neuen Kinder sind die so genannten Indigo-Kinder. Dass es sie gibt, wurde Anfang der Achtzigerjahre entdeckt. Der Name Indigo-Kinder leitet sich von der Farbe Indigo ab, einem besonders intensiven Blau bzw. Dunkelviolett, das in der Aura und in der Ausstrahlung dieser Kinder zu sehen ist. Ein Phänomen, das es zuvor nicht gegeben hat.

Wie unterscheiden sich nun die Indigo-Kinder von anderen Kindern dieser Zeit? Obwohl die heutigen Kinder im Allgemeinen schon Fähigkeiten besitzen, von denen der Durchschnittserwachsene nur träumen kann, übertreffen die Indigo-Kinder ihre Alterskollegen in vielerlei Hinsicht. Sie sind außergewöhnlich hochbegabt, haben meist sehr dunkle Augen und einen ernsten, verstehenden Blick. Sie signalisieren unbewusst - und oft auch ohne darüber zu sprechen -, dass sie etwas Besonderes sind. Und sie erwarten von der Umwelt, dass sie als etwas Besonderes behandelt werden. Während ein Durchschnittsmensch seine Persönlichkeit zwischen zwanzig und dreißig so einigermaßen entwickelt (mancher leider nicht einmal bis an sein Lebensende), kommen Indigo-Kinder als „fertige" Persönlichkeiten zur Welt und wollen von Anfang an dementsprechend behandelt werden.

Die meisten Indigo-Kinder haben einen IQ von mindestens 130[10] und bereits in jungen Jahren ein weitentwickeltes Wissen, das nur aus ihnen selbst stammt, da es ihnen nie-

[10] Vgl. „Die Kinder des neuen Jahrtausends". Jan Udo Holey. Fichtenau 2001

mand vermittelt hat. Oft verblüffen die Ernsthaftigkeit und Tiefe ihrer Antworten und Äußerungen. Viele von ihnen können bei Schuleintritt lesen und schreiben, fast alle haben sich diese Fähigkeiten selbst beigebracht. Daneben haben sie noch mediale Fähigkeiten wie Hellsehen, Channeln oder Aurasichtigkeit. Indigo-Kinder stellen tiefgehende Fragen und zeichnen sich durch übergroßen Wissensdurst aus. In vielen Fällen finden sie lieber ihre eigenen Antworten und wollen sich dann mit Erwachsenen austauschen. Sie wehren sich gegen althergebrachte Lehrmethoden wie einfaches Auswendiglernen oder Auswendigaufsagen. Unser traditionelles Schulsystem tut sich mit diesen Kindern natürlich sehr schwer, wie man sich vorstellen kann.

Indigo-Kinder legen auf Selbstständigkeit allergrößten Wert, und viele Eltern und Erzieher scheitern kläglich, wenn sie versuchen, ihnen etwas anzuordnen oder vorzuschreiben. Auf Anordnungen oder Befehle reagieren sie häufig mit Trotz und sind nur dann bereit zu handeln, wenn man ihnen die Entscheidung überlässt. Das bedeutet, dass sie sich selbst eine solche Handlung anordnen und ausführen wollen. Dass es da zu ernsthaften Konflikten mit Eltern, Lehrern, überforderten Erziehern, aber auch Kollegen und Mitschülern kommt, liegt auf der Hand. Viele verstanden und verstehen die Besonderheit dieser Kinder nicht. Deshalb ist es mir ein Anliegen, auch in diesem Buch darüber zu schreiben.

Eine befreundete Lehrerin atmete erleichtert auf, als sie das erste Buch über Indigo-Kinder in Händen hielt. Für sie war das Buch ein wichtiger Schlüssel im Umgang mit diesen „anderen" Kindern. Sie las es innerhalb weniger Tage und stellte es bei der nächsten Lehrerkonferenz vor.

Bleibt abzuwarten, ob viele Lehrer in Zukunft auf Indigo-Kinder eingehen werden. Langfristig werden sie aber gar keine andere Wahl haben.

↘ ↘

In der Zwischenzeit gibt es umfangreiche Literatur zu den hier angeführten Themen. Sie finden diese im guten Buchhandel. Auch in meinen Büchern gebe ich immer wieder Empfehlungen über lesenswerte Bücher. Ich möchte allen Menschen, die Babys und Kinder betreuen, ans Herz legen, sich mit den großen Veränderungsprozessen, die uns alle betreffen, intensiv auseinander zu setzen.

Empfängnis, Schwangerschaft, Geburt und die Zeit danach aus der Sicht der Engel

Mein persönlicher Seelenauftrag

Ich befinde mich noch auf der anderen Seite des „Schleiers", in der anderen Dimension, die wir Menschen „Himmel" oder so ähnlich bezeichnen. Ich befinde mich in einem Kreis von 12 Engeln, dem so genannten Weisenrat. Diese Engel sind weiß, porzellanfarben, sie erinnern mich an Engel aus Biskuitporzellan mit goldenen Flügeln, wie Statuen auf Friedhöfen. Sie sind groß, sehr schlank, nicht pummelig, wie sie vielfach hier auf der Erde dargestellt werden. Die 12 Engel bilden einen Kreis, sie sehen aus wie eine Gruppe von Fallschirmspringern, die sich an den Händen halten. Obwohl sie zu schweben scheinen, sind sie gleichzeitig fest verankert. Ich, meine Seele, bereit zu inkarnieren, bereit, wieder auf die Erde zurückzukehren, sehe aus wie eine kleine goldene Flamme, die in der Mitte dieser Engelgruppe verharrt.

Die Kommunikation zwischen den Engeln und mir erfolgt nonverbal. Die Engel übertragen ihre Botschaften als Impulse, eine Art Frequenzübertragung. Ihr Auftrag an mich lautet:

> Du gehst stellvertretend für uns auf die Erde, du bist Teil unserer Energie, du nimmst einen physischen Körper an, um die Engelenergie auf der Erde zu manifestieren. Wir werden niemals hinuntergehen, weil es nicht unsere Aufgabe ist. Wir sind kein Bindeglied zwischen der Geistigen und in der irdischen Welt, wie du es bist, und dennoch sind wir Engel mit dir ganz eng verknüpft.
>
> Dein Auftrag ist mit Pionierarbeit, Experimenten und Versuchen zu vergleichen. Dieser Auftrag beruht auf Freiwilligkeit deinerseits, wir zwingen dich zu nichts und fordern nichts von dir ein. Du sollst Engelenergien auf der Erde in neuer Form verankern, manifestieren und wirken lassen.

Ich, Seele, bin sehr abenteuerlustig und neugierig. Dies ist eine Vereinbarung, der ich aus freiem Willen zugestimmt habe. Ich wurde auserwählt von einer Engelgruppe, die eine andere Aufgabe zu erfüllen hat als ich. Diese Engelwesen werden ausschließlich auf der geistigen Ebene bleiben, während ich in die physische Ebene, auf die Erde hinabsteigen werde.

Während meiner Mission auf der Erde werde ich immer mit meiner Engelgruppe in „Funkkontakt" bleiben, werde in der Nacht mit ihr kommunizieren. Ich schicke Informationen nach oben, sie sendet mir Informationen nach unten. Das geschieht über den physischen Körper und den feinstofflichen Körper, die Aura, nicht über das Bewusstsein. Das heißt, ich werde davon nichts mitbekommen. Die Engel bereiten mich darauf vor, dass ich auch negativen Energien ausgesetzt sein werde, Wesen, die nicht im Licht arbeiten. Die erste Begegnung soll bereits in der Kindheit, im Umgang mit anderen Menschen, stattfinden. Ich werde diese Wesen nur versteckt spüren, ihnen nicht bewusst begegnen. Dennoch sollte ich immer vorsichtig sein und mir die Menschen genau anschauen.

Ich verspüre große Freude, bin bereit, alles zu geben und mich Hals über Kopf in die Arbeit zu stürzen. Und ich freue mich auf den Zeitpunkt, da ich mein Projekt beendet haben werde und ich wieder in die Geistige Welt, die Engelebene zurückkehren kann. Während meines Lebens auf der Erde werde ich verwandten Seelen begegnen, die

mit ähnlichen Aufträgen gekommen sind. Wir werden einander erkennen und helfen, aber dennoch wird jeder seinen Auftrag für sich erfüllen. Die Energien des Transformationsprozesses ins irdische Leben der Menschen zu integrieren wird ein wichtiger Teil meines Auftrages sein. Aber auch Menschen zu helfen, durch den Transformationsprozess zu gehen. Die Engel sagen mir noch:

Alles im Leben ist gut, wie es ist und wie es kommen wird, auch das, was du nicht verstehen wirst.

Der Abstieg aus der Geistigen Welt ist wie ein Sog, der mich spiralförmig hinunterzieht, dann – ein kurzes Eintauchen in eine Art Zwischenstadium, zwischen Physischem und Feinstofflichem... Anfangs fühle ich mich wie in einer Luftblase, ich dringe als Seele nicht in die befruchtete Eizelle ein, dies wird erst zu einem späteren Zeitpunkt ganz langsam geschehen. Dann wird die Energieblase um mich herum immer dünner und dünner werden, die Materie wird immer weiter vordringen, bis sich das feine Blasengebilde auflösen wird und Körper und Seele miteinander verschmelzen. Körper und Seele sind jetzt zum Zeitpunkt der Empfängnis noch aneinander gedrängt, aber nicht ineinander verschachtelt. Während dieser Zeit sind zwei Schutzengel immer neben mir. Sie sind viel größer als ich, transparent, weiß und goldfarben. Die Engel sind nur anwesend, sie beobachten, signalisieren Gelassenheit, Ruhe, Schutz, Geborgenheit, wie Wächter über das, was geschieht und geschehen wird.

Das Verschmelzen von Körper und Seele fühlt sich an wie ein Durchwachsen-Werden mit Materie. Man könnte sich diesen Vorgang so vorstellen, wie wenn flüssiges Gelee fest wird.

Ich werde längst physisch als Embryo vorhanden sein, aber das Hineinwachsen der Seele wird noch einige Monate beanspruchen.

Eine neue Herausforderung, ein neues Leben hat begonnen. Ich bin bereit, mit Hilfe meiner Engelfreunde meinen Lebensauftrag zu meistern!

Dialog mit der Engelwelt

Der folgende Dialog mit der Engelwelt basiert auf einer medialen Übermittlung zwischen mir und der Engelwelt, die in Form einer Rückführung[11] ablief. Die Engelgruppe, die Antwort auf meine Fragen gibt, heißt Elijah (sprich: Ilaja). Diese Engel zeigten sich während der Übermittlung in zarten, pastellfarbenen Schleiern, die zu einem großen Lichtkreis zusammengeschlossen waren.

Weiterführende Informationen und praktische Hinweise zu den mit ⇘ gekennzeichneten Begriffen in diesem Kapitel finden Sie ab Seite 115.

> Eine ⇘ **Empfängnis** ist auf der biologischen Ebene leicht nachzuvollziehen. Doch wie verläuft eine Empfängnis für eine Seele, was empfindet sie dabei?

Grundsätzlich muss vorausgeschickt werden, dass die Bilder, die wir euch Menschen geben, nur Krücken für das sein können, was sich tatsächlich abspielt. Euch Menschen fehlen die Begriffe und die richtigen Worte, eure Vorstellung ist sehr beschränkt. Deshalb versuchen wir, euch Bilder zu geben, die an eure Realität einigermaßen herankommen.

Bei der Zeugung bewegt sich eine Seele wie in einer Luftblase in Richtung Erde (d.h. von der geistigen Ebene in die irdische Ebene, die beide parallel existieren!). Man kann sie vielleicht mit einer schillernden Seifenblase vergleichen. Sie sieht aus wie eine dünne Haut. Die Seele befindet sich dabei in dieser Energieblase und ist gleichzeitig diese Energieblase. Diese ist amorph, das ist ein Aggregatszustand zwischen gasförmig und flüssig. Eigentlich ist es ein Zustand, für den Ihr Menschen keinen Ausdruck habt.

Die Seele nähert sich also dem Ort der Empfängnis. Sie wird von der Energie der Mutter oder beider Elternteile angezogen. Ihre Form ist in den meisten Fällen gleich, nur ihre Farben können sich unterscheiden. Sie sind oft zart wie ein verblassender Regenbogen. Jede einzelne Farbe hat mit einem Thema zu tun, welches die Seele durchs Leben begleitet. Die Farben weisen bereits auf die Lebensaufgaben hin. Jede Empfängnis wird von Erzengel Gabriel begleitet, auch von den Schutzengeln der inkarnierenden Seele, deren Mutter und deren Vater. Die Schutzengel

[11] Siehe Glossar

begleiten die Zeugung, sie greifen jedoch nicht ein, sondern beobachten nur. Bei Zwillingen enthält die Energieblase zwei Seelenkerne. Durch die gemeinsame Blase haben sie auch ein gemeinsames Lern- und Lebensthema. Die Energieblase ist so angelegt, dass sie sich in zwei Seelenkerne teilt. Es kann jedoch sein, dass sich die Energieblase nicht teilt. Dann wird einer der beiden Seelenkerne von der Engelwelt wieder in die Geistige Welt zurückgeholt. Die Seelen wissen bereits vor der Empfängnis, dass nur eine der beiden in der Energieblase überleben kann. Sie wissen aber nicht, welche der beiden. Für die Seele ist das in Ordnung, denn es ist ein Lernprozess für alle Beteiligten: Die Eltern, die zweite Seele, den Arzt, die Hebamme etc.

Die Seele weiß und akzeptiert, dass die Wahrscheinlichkeit groß ist, nochmals zu einem späteren Zeitpunkt zu inkarnieren. Meistens kommt sie wieder in dieselbe Familie oder zumindest in die gleiche Seelengruppe[12]. Die Seele begegnet der ursprünglich vorgesehene Mutter auf alle Fälle wieder. Selbst dann, falls sie bei der nächsten Inkarnation nicht mehr ihre leibliche Mutter sein kann (oder will). Für die inkarnierte Seele kann das Zurückziehen ihrer Zwillingsseele Ängste oder Panik auslösen. Sie fühlt sich nur zur Hälfte anwesend, ein Teil der Seele fehlt. Diese Ängste können bis ins Erwachsenenalter mitgenommen werden. Eine Auflösung dieser Ängste kann mit Engelsymbolen, Engelessenzen oder Engelölen erfolgen.

Es kommt vor, dass Zwillinge immer wieder gemeinsam inkarnieren. Wenn ein Zwilling ein Lernthema löst, wirkt sich das energetisch auch auf den anderen Zwilling aus.

Gibt es Seelen, die trotz ihrer Weigerung empfangen werden?

Nein, die Seele muss dafür immer bereit sein. Eine Empfängnis ist immer zwischen der Seele selbst, dem Höheren Selbst und ihren Schutzengeln „abgesprochen". Sie muss nicht inkarnieren. Es kann sein, dass sie für eine neuerliche Inkarnation noch nicht bereit ist, obwohl das planmäßig bereits so vorgesehen wäre. Sie wird dann von ihren geistigen Führern, ihren Schutzengeln und anderen Engeln darauf vorbereitet, bis sie wirklich dazu bereit ist und freiwillig inkarniert. Es ist für die Seele nicht einfach, von der geistigen Ebene in die physische Ebene zu wechseln, da sie eine ziemlich genaue Vorstellung davon hat, was sie im irdischen Leben erwartet. Das Verlassen der Geistigen Welt ist mit dem

[12] Siehe Glossar

Abschiednehmen auf der irdischen Welt, dem Tod, vergleichbar. Zumindest auf der Empfindungsebene. Die Engel bereiten die Seele darauf vor und helfen ihr. Sie heben die Seele kurzzeitig in eine andere Bewusstseinsebene hinauf, um alles besser zu verstehen.

In welchen Zeitintervallen inkarnieren Seelen und nehmen ein menschliches Leben an?

Die Zeitabschnitte sind unterschiedlich und haben sich durch den Transformationsprozess gewaltig verkürzt, da zum jetzigen Zeitpunkt viele Seelen ihren Auftrag auf der Erde erfüllen möchten. Während in früheren Zeiten 100, 200 Jahre zwischen den einzelnen Inkarnationen keine Seltenheit waren, dauert es jetzt im beginnenden dritten Jahrtausend nach Christi Geburt oft nur mehr wenige Monate, manchmal ein, zwei Jahre, bis eine verstorbene Seele wiederkommt. Natürlich gibt es auch Seelen, die noch längere „Warte- und Entwicklungszeiten" auf der geistigen Ebene haben. Das hängt zum Teil auch mit dem Entwicklungsgrad der einzelnen Seele zusammen. Aber tendenziell sind die Inkarnationsintervalle sehr viel kürzer geworden. Bemerkenswert ist auch, dass mehr und mehr Seelen auf der Erde inkarnieren, die zuvor noch nie hier waren.

Kann es bereits bei der Empfängnis zu Komplikationen für die Seele kommen?

Ja, das kann vorkommen, aber nur auf der physischen Ebene. Wenn die Mutter körperlich sehr geschwächt ist oder Angst vor einer Schwangerschaft hat bzw. nicht schwanger werden möchte. Aber das weiß die Seele meist vorher. Es ist ein Lernprozess für alle Beteiligte.

Was macht eine Seele, die unbedingt inkarnieren möchte, wenn die „Wahlmutter" verhütet?

Die Seele nimmt auf geistiger Ebene mit der Frau Kontakt auf, signalisiert ihr, dass sie von ihr empfangen werden möchte. Das geschieht meist im Schlaf. Das kann zur Folge haben, dass die Frau in ihrer Verhütung schlampig wird oder überhaupt einmal die

Verhütung vergisst und schwanger wird. Dieses Verhalten ist der zukünftigen Mutter natürlich nicht bewusst, aber auf der unbewussten Ebene stimmt sie dem Plan der Seele, die sie empfangen wird, zu. Das darf man aber nicht als „Überrumpelungsaktion" der Seele bezeichnen, denn Mutter und Kind hatten beide vor der Inkarnation der Mutter bereits vereinbart, dass die eine Seele (Mutter) die andere Seele als ihr Kind empfangen wird.

Wenn die Mutter über Jahre konsequent verhütet, wird die Seele immer wieder versuchen, mit ihrer „Wahlmutter" Kontakt aufzunehmen und sie zu einer Schwangerschaft zu bewegen. Es kann sein, dass die Seele auch mit dem (möglichen) zukünftigen Vater Kontakt aufnimmt und ihm Impulse schickt. Oft geht ja ein Kinderwunsch vom Vater aus. Sollte die Seele aber mit ihrem Wunsch nach Empfängnis überhaupt nicht durchdringen, wird sie nach einiger Zeit eine neue Mutter aussuchen, um zu inkarnieren. Diese Frau ist ein Mitglied der Seelenfamilie[13] der ursprünglichen Wahlmutter und somit auch des ungeborenen Kindes. Das heißt, sobald die Seele geboren ist, hat sie die Chance, ihrer ursprünglichen Wahlmutter auf der irdischen Ebene zu begegnen. Häufig entsteht zwischen dem Kind und seiner ursprünglichen Wahlmutter eine starke emotionale Verbindung.

Adoptiveltern sind meist ebenfalls aus der gleichen Seelenfamilie wir ihr Adoptivkind. Oft ist für beide Seiten auf der karmischen[14] Ebene etwas zu lernen oder zu begleichen. Eltern und Kind sind einander bei ihrer ersten Begegnung meist schon sehr vertraut.

Welche Rolle spielt der Vater für das Kind bei der Empfängnis?

Zum Zeitpunkt der Empfängnis ist die Rolle des Vaters hauptsächlich eine energetische. Gemeinsam mit der zukünftigen Mutter baut er ein starkes Energiefeld auf. Die Seele spürt sehr deutlich, ob sie auch vom Vater willkommen geheißen wird oder ob sie mit dem Vater Karma zu erlösen hat. Zum Zeitpunkt der Empfängnis ist der Vater nur in einer passiven Rolle (klingt paradox!), da er zu diesem Zeitpunkt eine wichtige energetische Funktion zu erfüllen hat. Die Beziehung der Seele zu Mutter und Vater ist individuell verschieden. Manchmal wird die Mutter „benutzt", damit die Seele zu ihrem geplanten Vater als Kind kommen kann. In diesem Fall geht es hauptsächlich um die Aufarbeitung karmischer Verstrickungen aus früheren Leben.

[13] Siehe Glossar

[14] Siehe Glossar

> Hat eine Seele mit ihren künftigen Eltern fix vereinbart, von ihnen empfangen zu werden oder gibt es für die Seele mehrere Optionen?

Wie bereits erwähnt, haben die Seelen des Kindes und seiner zukünftigen Eltern vor der Inkarnation der Eltern vereinbart, dass sie in einer gemeinsamen Eltern-Kind-Konstellation das irdische Leben verbringen werden. Es kann jedoch sein, dass sich die Eltern oder ein Elternteil weigern, ein Kind zu empfangen. In diesem Fall wird das Kind eine Ersatzfamilie suchen, die innerhalb der Seelenfamilie angesiedelt ist. Zuerst wird die Seele des Kindes jedoch alle Möglichkeiten suchen, doch - oft auch „gegen den Willen" der Eltern - in der ursprünglich ausgesuchten Familie zu inkarnieren. Eine Seele kann sich sozusagen auch Eltern ohne deren bewusstes Einverständnis aussuchen.

> Ist eine Empfängnis für eine Seele anstrengend?

Nein, nicht im herkömmlichen Sinne. Sie bedarf natürlich einigen Energieaufwandes.

> Wie weit dringt die Seele bei der Empfängnis in den Körper der Mutter ein bzw. wechselt sie zwischen Mutterleib und feinstofflicher Welt?

Bei der Empfängnis kommt sie sehr nahe, durchdringt den Uterus jedoch nur energetisch. Der feinstoffliche Körper verschmilzt mit dem grobstofflichen Körper erst nach und nach.

> Wechselt die Seele zwischen grobstofflicher und feinstofflicher Welt?

Ja, sie bleibt noch nicht dauerhaft im physischen Körper, im Fötus. Es gibt innerhalb der geistigen Ebene verschiedene Arten und Formen von Feinstofflichkeit. Die Seele bleibt ab der Empfängnis „unten" auf der Erde (in Wirklichkeit sind beide Ebenen Parallelwelten, deshalb ist der Begriff „unten auf der Erde" nicht wirklich richtig). Die Seele kann aber hin- und herwechseln. Es bedarf eines Eingewöhnungsprozesses, ähnlich wie beim Tod, wenn die Seele noch im Umfeld des Verstorbenen bleibt und erst allmählich

Aura-Essenz
„Baby & Kleinkind"
↘ 108

Erzengel-Kombi-Essenz
No. 17 „Muriel"
↘ 84

in die andere, die feinstoffliche Ebene wechselt.

Die Engelwelt hat auf der Erde Engelessenzen und Engelsymbole manifestiert, die der Seele bei der Empfängnis helfen. Welche Engel spielen zu diesem Zeitpunkt eine wichtige Rolle?

Erzengel Gabriel ist eine großartige Hilfe für die Empfängnis selbst. Er lädt die Seele ein zu inkarnieren und zieht sie verstärkt an, wie ein Leuchtfeuer. (Manchmal sind es nicht die Eltern, sondern die Seele selbst, die zögernd einer Schwangerschaft zustimmt!) Durch die Anwendung von Engelsymbol oder Engelessenz „Erzengel Gabriel" wird die feinstoffliche Verbindung zwischen Mutter und Kind bereits vor der Empfängnis verstärkt. Die Mutter schickt dadurch energetische Signale aus, sodass die Kinderseele leichter den Weg zu ihr findet.

Die Anwendung von Engelessenz und Engelsymbol sowie die verstärkte Zuwendung zu Erzengel Gabriel zieht jedoch nicht automatisch eine Empfängnis nach sich. Nämlich dann, wenn im Lebensplan der Frau keine (weitere) Schwangerschaft vorgesehen ist. In diesem Fall wird sie mit Hilfe dieser Engelenergien sanfte oder deutlichere Hinweise erhalten, dass die gewünschte Schwangerschaft auf geistiger und irdischer Ebene nicht vorgesehen ist. Die Energie von Erzengel Michael wiederum löst bei manchen Frauen Ängste und Blockaden auf. Beispielsweise Ängste, nicht schwanger zu werden. Diese Ängste können so stark verankert sein, dass eine Empfängnis aus energetischer Sicht sehr schwer zu vollziehen ist. Die Hintergründe dieser Ängste werden mit Engelhilfe im feinstofflichen Bereich sanft geklärt und bereinigt.

Stellt die Engelwelt auch Symbole und Essenzen für die Schwangerschaft bereit?

Ja, es gibt Schwangerschafts-Engelsymbole, eine Schwangerschaftsessenz (Engel-Kombi-Essenz No. 17 | Muriel) und Essenzen für die Aura von Mutter und Kind, die im Speziellen für die letzten zwei Schwangerschaftsmonate geschaffen wurden (Engel-Aura-Essenz „Baby & Kleinkind | Beruhigung"). Zu diesem Zeitpunkt bleibt die Seele mehr und mehr im heranwachsenden Körper und fühlt sich sehr häufig von der Geistigen Welt abgeschnitten, in einem neuen physischen Körper eingesperrt und eingeengt.

> Was bewirken diese Engelessenzen und Engelsymbole während der Schwangerschaft?

Sie bieten einen mächtigen Schutz und stärken und durchdringen die Aura von Mutter und Kind. Weiters transformieren sie Unreinheiten und Belastungen in deren Aura. Engelessenzen und Engelsymbole stellen gleichermaßen eine sehr gute Starthilfe für das Kind dar. Darüber hinaus dürfen sie einen (kleinen) Teil der karmischen Belastungen auflösen. Die Schwangerschafts-Essenz (Engel-Kombi-Essenz No. 17 | Muriel) hilft der werdenden Mutter, sich leichter in der neuen Rolle zurechtzufinden. Auch Ängste, die die werdende Mutter aus ihrer eigenen oder einer früheren Schwangerschaft mitbringt, werden sanft aufgelöst.

> Gibt es Seelen, die ohne die Anwendung von Engelessenz oder Engelsymbol nicht inkarnieren würden?

Nein, so kann man das nicht formulieren. Aber eine Frau wird möglicherweise leichter schwanger oder kann sogar auf eine künstliche Befruchtung verzichten. Das hängt von den individuellen Faktoren ab, die mit Schwierigkeiten bei der Empfängnis zusammenhängen. Wenn eine Frau nicht empfangen soll, dann ist das Teil ihres Lebensplanes, dann können weder Engelessenzen noch künstliche Befruchtung etwas ausrichten.

> Wo zeigen die Engelessenzen und Engelsymbole bessere Wirkung, bei der Mutter oder beim Kind?

Sie wirken auf beiden Seiten unterschiedlich. Und zwar auf jener Seite mehr, die sie dringender benötigt. Das kann innerhalb einer Schwangerschaft einmal mehr die Mutter und einmal mehr das Kind sein.

> Was passiert bei einem ↘ Abortus? Ist der von vornherein bereits geplant?

Ein Abortus ist immer ein Teil des persönlichen Lebensplanes von Eltern und / oder Kind. Die Kinderseele weiß schon vorher, dass die Wahrscheinlichkeit eines Abortus sehr groß ist und nimmt diesen Umstand als Aufgabe an. Für die Seele ist ein Abortus kein Problem. Es kommt auch vor, dass die Seele bei massivem Widerstand seitens der Eltern freiwillig in die feinstoffliche Ebene zurückkehrt. Einen weiteren Grund für einen Abortus stellt der Umstand dar, dass die Seele große Angst hat, in einem physischen, engen Körper eingesperrt zu sein. Sie tritt dann die Flucht zurück an.

Wer hat mehr „Einfluss" auf einen Abortus - Mutter oder Kind?

Die Mutter kann einen Abortus auf keinen Fall verhindern, wenn dieser auf der geistigen Ebene geplant wurde. Möglicherweise weisen die Körperzellen des Kindes einen schwerwiegenden Defekt auf, es ist unterversorgt o. ä. Die Kinderseele weiß darüber Bescheid und tritt dennoch eine Schwangerschaft an. Dies führt zu einem kurzen „Gastauftritt" der Seele bei ihren Eltern. Ein Abortus wird sowohl in der Aura der Eltern als auch in der Aura oder der Seele des Kindes abgespeichert und in ein neues Leben mitgebracht. Deshalb kann es auch vorkommen, dass ein Abortus erfolgt, weil die Seele selber in einer früheren Inkarnation eine Abtreibung vorgenommen hat (an sich oder an anderen), oder nachlässig während einer Schwangerschaft und Geburt war.

Die Seele erfährt nun durch den eigenen Abortus, wie sich das anfühlt. Dieser Lernprozess darf aber keinesfalls als Strafe angesehen werden, weder für die Eltern noch für das Kind.

Kommt diese Seele dann wieder? Möglicherweise in dieselbe Familie?

Bei einer neuerlichen Schwangerschaft der Mutter inkarniert diese Seele meist in derselben Familie wieder. Falls die Frau durch eine Operation oder sonstige körperliche Ursachen unfruchtbar geworden ist, kommt die Seele in die Seelenfamilie und nimmt später so Kontakt zu ihrer ursprünglichen Mutter auf. Ausgenommen davon ist eine Seele, die nicht mehr inkarniert, da sie in höhere Sphären aufsteigt und dies ihre letzte Erfahrung auf der irdischen Ebene war.

Erzengel-Kombi-Essenz
No. 35 „Aliel"
↘ 70

Welche Engel sind bei einem Abortus anwesend?

Bei einem Abortus oder einer Fehlgeburt sind die Schutzengel von Mutter und Kind sehr stark präsent. Auch zahlreiche Helferengel sind dabei. Diese unterstützen Mutter und Kind, wenn sich die Kinderseele energetisch zurückzieht und physisch den Körper der Mutter verlässt.

Was ist die Aufgabe der Abortusengel?

Geschieht ein Abortus in den ersten Schwangerschaftstagen oder -wochen, dann ist dieser Ablöseprozess für die Seele einfach. Ist die Schwangerschaft bereits weiter fortgeschritten, ist es für die Seele schwierig, sich aus der Aura der Mutter zu lösen und beide Auren voneinander zu trennen. Dabei arbeiten die Helferengel wie mit einem Laserstrahl.

Es ist nicht einfach, euch Menschen die energetische Ebene zu beschreiben, aber man kann es sich folgendermaßen vorstellen: Bei der Empfängnis werden zwei „Dias" übereinander gelegt und Licht wird durchgeschickt. Dadurch verschmelzen beide Bilder. Beim Abortus wird „ein Bild vom anderen Bild" heruntergenommen, aber das Durchdringen kann nicht wieder rückgängig gemacht werden. Es bleibt in der Aura der Mutter gespeichert.

Kann man mit Hilfe von Engelsymbolen oder Engelessenzen einen Abortus verhindern?

Nein, dafür sind sie nicht unbedingt gedacht. Man kann aber versuchen, mit Karmaessenzen oder dem Engel für Gnade (Symbol und Essenz No. 39 „Engel für Gnade") einem Abortus entgegenzuwirken. Wenn es von der Geistigen Welt erlaubt wird, kann ein Abortus in einzelnen Fällen verhindert werden.

Welche Symbole und Essenzen helfen nach einem Abortus?

Die Symbole und Engel-Kombi-Essenz No. 35 | Aliel sind für die Nachbetreuung der Eltern gedacht. Sie bewirken, dass diese den tieferen Sinn eines Abortus besser verstehen und lösen Ängste auf, die sich bei einer neuerlichen Schwangerschaft als blo-

Aura-Essenzen
„Erzengel Zadkiel"
↘ 113
„Erzengel Gabriel"
↘ 111

Erzengel-Kombi-Essenz
No. 25 „Cithael"
↘ 74

ckierend oder belastend erweisen könnten. Diese Ängste sind nicht nur im Körper der Mutter gespeichert, sondern auch in deren Aura. Und bei neuerlichen Schwangerschaften können diese Ängste von allen zukünftigen Kindern dieser Frau mitgenommen werden. Dies würde für sie eine große Belastung bedeuten, würden diese Ängste nicht bereits <u>vor</u> der Empfängnis aufgelöst oder aufgearbeitet werden.

Gibt es spezielle Engel, die eine Frau nach einem Abortus darin unterstützen, wieder zu empfangen?

Man kann sich an Erzengel Gabriel und an die Karma-Engel im Allgemeinen wenden. Auch dafür gibt es Symbole und Essenzen, die eine Hilfestellung bieten (Erzengel Gabriel - Symbol und Essenz No. 45; Engel für Karmaerlösung - Symbole und Engel-Kombi-Essenz / - Öl No. 25 | Cithael).

Über welchen Zeitraum nach einem Abortus sollten diese Symbole/Essenzen verwendet werden?

Das ist individuell verschieden. Auf alle Fälle einige Wochen lang, wenn nicht sogar über Monate. Dabei kann man zu den Symbolen oder Essenzen gleichzeitig die Aura-Essenz „Erzengel Zadkiel" verwenden. Dieser mächtige Erzengel unterstützt sehr bei Trauerarbeit.

Wirken die Symbole und Essenzen auch, wenn man sie Jahre oder Jahrzehnte nach einem Abortus erstmals anwendet?

Ja, natürlich. Sie lösen alle „Schock-Rückstände", die in der Aura abgespeichert bleiben, auf. Egal, welcher Zeitraum verstrichen ist. Idealerweise sollte man sie jedoch unmittelbar nach einem Abortus verwenden, denn je früher die Aura gereinigt wird, desto weniger belastend wird ihn die Mutter empfinden.

Was können Männer machen, deren Partnerin ihr Kind durch einen Abortus verloren hat?

Diese können oder sollten idealerweise gleichzeitig mit ihrer

Partnerin dieses Ereignis aufarbeiten. Männer sollten in diesem Fall die Karma-Symbole oder Essenzen bzw. die Energie von Erzengel Zadkiel verwenden.

Gibt es Erwachsene, die die Abortus-Essenz benötigen, obwohl sie nie schwanger waren oder einen Abortus hatten?

Ja, die gibt es! Und zwar sind das Menschen, die nach einem Abortus ihrer Mutter geboren wurden. Und das können natürlich auch Männer sein. Sie haben die Ängste ihrer Mutter übernommen. Es gibt aber auch Menschen, die in einer früheren Inkarnation einen Abortus miterlebten oder vielleicht auch eine Abtreibung selbst erlebt oder vorgenommen haben.

Was könnt Ihr Engel uns zu ⌄ Schwangerschaftsabbruch/ Abtreibung sagen?

In den ersten Schwangerschaftstagen und Wochen ist die Seele noch nicht in einer Symbiose mit ihrem heranwachsenden Körper, sondern nur lose mit ihm verbunden. Der Embryo hat jedoch schon einen feinstofflichen Körper und ein Bewusstsein. Das heranwachsende Kind empfindet deshalb im feinstofflichen und grobstofflichen Körper physische Schmerzen. Die Seele selbst jedoch kann weder abgetrieben noch verletzt werden.

Sind auch bei einer Abtreibung Engel vor Ort?

Ja, natürlich! Bei einer Abtreibung sind sogar besonders viele Engel anwesend, vor allem Karmaengel. Jede Abtreibung ist ein Lernprozess für Mutter und Kind. Und es ist immer eine karmische Geschichte zwischen den Eltern und dem Kind. Doch die Seele wusste bereits vor der Empfängnis um die große Wahrscheinlichkeit der Abtreibung.

Was passiert energetisch bei einer Abtreibung?

Die physischen Schmerzen des Kindes bleiben im feinstofflichen Körper der Mutter gespeichert, oft über Jahre, Jahrzehnte. Das ist individuell verschieden.

Kann man diese eingespeicherten Informationen wieder löschen?

 Ja, eine Abtreibung kann und sollte unbedingt energetisch behandelt werden. Und zwar in allen feinstofflichen Ebenen und Chakren. Dabei kann man die Abortus-Symbole, die entsprechende Essenz oder das Öl verwenden. Diese fungieren dabei wie ein Laserstrahl, der alle Belastungen auflöst. Es bleiben keine Reste zurück. Gleichzeitig wird in der Mutter ein Bewusstwerdungsprozess eingeleitet, und sie kann eine Abtreibung auch mental leichter verarbeiten (eventuell benötigt sie für die mentale Ebene noch eine Gesprächstherapie). Wenn sie sich gegen diesen Bewusstwerdungsprozess jedoch wehrt und das Geschehen ins Unterbewusstsein verdrängt, wird die Abtreibung energetisch in der Aura zwar gelöscht, aber im Unterbewusstsein bleibt sie abgespeichert.

Kann man Abtreibungen mit anderen Methoden als mit Engelenergien „löschen"?

 Durch eine Gesprächstherapie, Reinkarnationstherapie, kinesiologische Behandlung etc. wird eine Abtreibung mental und emotional gelöscht. So kann eine Frau beispielsweise in Rückführungen diese Situation aus dem Unterbewusstsein heraufholen, sich der Situation stellen und sie auflösen. Eine Wirkung wird jedoch nur in den unteren drei, vier feinstofflichen Körpern / Auraschichten erzielt. Durch Engelsymbole oder Engelessenzen können diese Informationen oder traumatischen Blockaden auch in den anderen feinstofflichen Körpern gelöscht werden. Der Mensch hat ja mindestens 18 feinstoffliche Körperschichten! Das sind Informationen, mit denen Ihr heute noch überfordert seid. Aber in 30 bis 50 Jahren wird es ausschließlich feinstoffliche Medizin geben. Das kann auch schon früher sein, das hängt von eurer persönlichen und spirituellen Entwicklung ab.

Lädt eine Frau, die abtreibt, Schuld auf sich?

 Für Frauen, die eine Abtreibung vollziehen, oder Menschen, die Frauen zu einer Abtreibung zwingen, ist das natürlich eine karmische Belastung. Anders, als in der Menschenwelt, wird das von

Erzengel-Kombi-Essenzen
No. 25 „Cithael"   ↘ 74
No. 35 „Aliel"   ↘ 70
No. 22 „Doriel"   ↘ 78
No. 41 „Somiel"   ↘ 102

uns Engeln jedoch nicht bewertet. In der Engelwelt gibt es so etwas wie Schuld überhaupt nicht, nur Verantwortung. Und es gibt auch keine Bestrafung für eine Abtreibung.

Also, die „Schuldfrage" ist geklärt - wie ist es nun mit der karmischen Belastung?

Eine Abtreibung wirkt sich stark auf das Karma der Frau und des Kindes aus, noch stärker als bei einem Abortus, weil da ja von Seiten der Frau bewusst in den Lebensplan eingegriffen wird. Bei einem Abortus hingegen kommt jener Auslöser von der geistigen Ebene. Den Abortus entscheidet nicht die Mutter, den Schwangerschaftsabbruch sehr wohl.

Und da ist es wichtig, dass man die Abtreibung auf der Karma-Ebene aufarbeitet. In einzelnen Fällen könnte es nämlich sein, dass die Mutter, oder jemand, der die Mutter zum Abortus überredet hat, selber in einer zukünftigen Inkarnation abgetrieben wird oder große Schmerzen bei Geburt und Schwangerschaft erleidet bzw. eine schmerzhafte, schwierige Operation oder Verstümmelung durch eine Operation erfahren wird. Deshalb ist eine Karmaauflösung auf alle Fälle zu empfehlen. Es kann aber ebenso sein, dass die Mutter in einem früheren Leben von der abgetriebenen Seele abgetrieben wurde und der energetische Ausgleich ist damit ausbalanciert.

Welche Symbole oder Essenzen sind hier besonders wirkungsvoll?

Das ist ein umfassendes Thema. Es gibt eine Karmaessenz (Engel-Kombi-Essenz No. 25 | Cithael), die wäre da sehr wichtig. Diese sollte in Kombination mit der Abortus-Essenz (Engel-Kombi-Essenz No. 35 | Aliel) verwendet werden. Zusätzlich sollte auch die Energie von Erzengel Zadkiel als Unterstützung (Engel-Aura-Essenz „Erzengel Zadkiel") herangezogen werden. Wenn Ängste vor diesem Eingriff vorhanden sind, verwendet man vor dem Eingriff die Engel-Essenzen gegen Ängste (Engel-Kombi-Essenz No. 22 | Doriel), wenn es ganz starke Ängste sind, oder sogar Panik, gibt es auch eigene Essenzen, die man dafür verwenden kann (Engel-Kombi-Essenz No. 41 | Somiel).

Aura-Essenz
„Erzengel Zadkiel"
↘ 113

Erzengel-Kombi-Essenz
No. 32 „Sorihael"
↘ 102

> Ist es individuell verschieden, wie lange davor und wie lange danach die Essenzen angewendet werden sollen?

 Es ist individuell verschieden, ja, aber wir würden den Frauen empfehlen: Sobald sie wissen, dass sie diesen Eingriff vornehmen werden, sollten sie ab diesem Tag sofort die entsprechende Essenz oder das Öl verwenden und noch eine Zeit lang darüber hinaus mit der Abortus-Essenz arbeiten. Wenn Frauen mit Narkose Probleme haben, gibt es dafür eine eigene Narkose-Essenz (Engel-Kombi-Essenz No. 32 | Sorihael), die die Seele der Mutter fester im Körper verankert und auch schützt. Und während einer Narkose, wenn die Seele der Mutter den Körper kurz verlässt, kann es in seltenen Fällen zu Besetzungen durch andere Seelen kommen. Das ist allerdings die Ausnahme.

Aber es kann vorkommen, dass die Frau aus der Narkose zurückkehrt und das Gefühl hat, nicht in ihrer Mitte zu sein oder sich nicht wirklich selbst so wahrzunehmen wie vorher. Dafür ist die Engel-Essenz für Narkose sehr wichtig, und zwar vor und nach einem medizinischen Eingriff. Sehr ratsam ist die Kombination mit der Karmaessenz oder dem Karmaöl. Aber das muss jede Frau für sich selbst entscheiden. Es wäre überhaupt sinnvoll, dass in Zukunft vor einer Narkose das medizinische Personal den Menschen nicht nur Beruhigungscocktails verabreicht, sondern einige Tage vorher auch die Engel-Narkoseessenz gibt – und auch eine Zeit lang danach, da man auf der feinstofflichen Ebene während einer Narkose viel besser geschützt und begleitet ist als ohne diese Essenz.

> Wie sieht es mit den karmischen Unterschieden zwischen einer Abtreibung aus persönlichen und einer Abtreibung aus medizinischen Gründen aus? Gibt es überhaupt einen Unterschied?

 Es gibt Unterschiede, aber wenn eine Abtreibung aus medizinischen Gründen geschieht, dann ist auch der Arzt karmisch daran beteiligt. Es gibt Ärzte, die zu einer Abtreibung raten, weil sie selbst kein Risiko eingehen möchten oder weil sie den latenten Wunsch der Mutter abzutreiben verspüren und das dann auch verstärken, weil es für sie wirtschaftlich einen Vorteil haben kann. Da geht dann eigentlich schon einiges „auf das Karma" des Arztes. Abtreibung wird auf der geistigen Ebene nicht so kritisch und streng bewertet wie die Menschen das zum Teil sehen und be- und verurteilen. Es gibt keine Schuld in dem Sinn, so wie es euch Menschen immer wieder eingeredet wird. Es geht um Verantwortung; Verantwortung sich selbst und der Kinderseele gegenüber. Nicht so sehr um Schuld. Dennoch ist es immer eine karmische Sache zwischen Mutter und Kind, oder auch Vater und Kind und auch Arzt und Kinderseele. Wenn sich Ärzte rein auf Abtreibungen spezialisiert haben, sollten sie nachdenken, ob sie das wirklich zum Wohle der Mutter machen oder ob nicht auch kommerzielle Absichten mitspielen, und die könnten sich unter Umständen karmisch enorm auswirken.

Gibt es bei Abtreibungen aus medizinischen Gründen spezielle Essenzen?

Nein, die gibt es nicht. Medikamente, die während der Schwangerschaft eingenommen werden, sind manchmal sehr kontraproduktiv. Man könnte sie energetisch entstören, beispielsweise Medikamente auf das Engelsymbol für Reinheit und Klarheit legen (Engelsymbol No. 04), damit zumindest der feinstoffliche Körper nicht beschädigt wird. Es gibt auch andere Engelsymbole und Engelessenzen zum Entgiften[15]. Überdosierungen von Vitaminen und Spurenelementen sind während der Schwangerschaft leider auch an der Tagesordnung. Diese müssen vom Körper wieder abgebaut werden.

Nun kommen wir zu einem weiteren Thema, nämlich zu ↘ **Schwangerschaftskomplikationen**. *Wie viele Engel begleiten eine werdende Mutter während der Schwangerschaft?*

Es gibt eigene Schwangerschaftsengel, die nur für die werdende Mutter da sind. Meist sind es ein bis drei Engel, bei komplizierter Schwangerschaft können es auch fünf, sieben oder zwölf Engel sein.

Erklärt uns Menschen bitte die Hintergründe und Ursachen für leichte Schwangerschaftskomplikationen. Wie kommt es eigentlich dazu?

Im Gegensatz zu euren menschlichen Vorstellungen beginnt der Lernauftrag einer Seele mit dem Zeitpunkt der Empfängnis. Das bedeutet, ab diesem Zeitpunkt beginnt die Seele in ein neues Leben einzusteigen, unter allgemeinen Schwierigkeiten, Kom-

[15] Anleitungen dazu im „Praxishandbuch der Engelsymbole" von Ingrid Auer

Aura-Essenz
„Erzengel Michael"
↘ 111

Erzengel-Kombi-Essenz
No. 17 „Muriel"
↘ 84

plikationen, Schmerzen, Hindernissen und so weiter. Schwangerschaftskomplikationen sind immer ein Teil des Lern- und Lebensprogramms der Kinderseele wie auch der Mutter. Manchmal kommt es vor, dass Kinder erst im Kindesalter krank werden oder andere Schwierigkeiten zu bewältigen haben. Auch das sind Lernschritte – sowohl für das Kind, als auch für die Eltern. Denkt nur, wie viele Eltern sich überhaupt erst durch die Probleme ihrer Kinder weiterentwickeln, sich für Spiritualität zu interessieren beginnen. Und Schwangerschaftskomplikationen sind nichts anderes als Lernschritte, die bereits vor der Geburt zu bewältigen sind.

> Wie verhält es sich bei schweren Schwangerschaftskomplikationen?

 Im Prinzip genauso. Für die Seele macht das keinen Unterschied. Die Mutter empfindet das natürlich anders, als stärkere Bedrohung oder als schmerzhaftes Erlebnis. Man muss unterscheiden, wann die Komplikationen auftreten, ob das am Anfang, in der Mitte oder am Ende der Schwangerschaft ist. Die Seele bekommt das auf alle Fälle mit, und dieses physische Empfinden wird mit zunehmender Schwangerschaft für die Seele immer deutlicher spürbar. Das heißt, am Anfang ist die Seele zwar in und um den Körper des Embryos da – sie ist noch nicht so stark mit ihm verwachsen und deshalb kann sie auch physische Empfindungen noch nicht so stark wahrnehmen. Je intensiver die Seele oder die Energieblase mit dem Embryo verbunden ist, desto intensiver werden auch auf der physischen Ebene die Empfindungen und Schmerzen für das Kind, wenn es zu körperlichen Problemen kommt.

> Mit welchen Engeln sollte die werdende Mutter da zusammenarbeiten?

 Ganz intensiv mit den eigenen Schutzengeln, den Schutzengeln des Kindes und mit Erzengel Michael. Sie könnte auch die Schwangerschaftsessenz (Engel-Kombi-Essenz No. 17 | Muriel) verwenden, die ja auch von Engeln energetisiert wird, um zu beruhigen und zu stabilisieren. Aber sie soll auch ganz stark um die Energie von Erzengel Michael bitten, damit Schutz und innere Ruhe gegeben sind.

*Sind für die verschiedensten Arten von Komplikationen
auch verschiedene Engel zuständig?*

Nicht unbedingt. Es gibt bestimmte Engel, die die Schwangerschaft begleiten und in schwierigen Situationen werden noch zu-
sätzliche Schwangerschafts-Helfer-Engel herbeigeholt. Im Prinzip
sind diese Engel alle sehr kompetent, egal, um welche Art von
Komplikation es geht. Und sie können ja nicht wirklich auf der
physischen Ebene Veränderungen herbeiführen. Aber sie gleichen das über die Energieebene, die Karma-Ebene, die Chakren-
und Aura-Ebene aus, sofern es das Karma des Kindes bzw. der
Mutter erlaubt. Und dadurch kann dann eine körperliche Veränderung, eine Verbesserung eingeleitet werden.

*Haben diese Schwangerschaftskomplikationen nur während der
Schwangerschaft Bedeutungen für das Kind oder später auch
noch? Sind das dann abgeschlossene Lernschritte?*

Schwangerschaftskomplikationen können für das Kind schon
sehr prägend sein. Bereits während der Schwangerschaft kann
die Mutter diese auf der feinstofflichen Ebene auflösen. Sonst
bleiben diese Belastungen in der Aura des Kindes fest verankert. Wenn man etwas dagegen unternimmt - jetzt nicht im Sinne
von „dagegen sein" sondern im Sinne von Auflösen, Bereinigen -,
kann das für das Kind eine große Erleichterung darstellen, auch
für das spätere Leben. Ansonsten muss oder kann das Kind die
Belastungen in seinem späteren Leben auflösen, was natürlich
viel schwieriger, intensiver oder langwieriger sein wird, als zum
Zeitpunkt der Schwangerschaft.

*Werden Schwangerschaftskomplikationen von der Mutter oder
vom Kind ausgelöst, oder ist das von Fall zu Fall verschieden?*

Es ist verschieden, es kommt wiederum auf das jeweilige Karma
an. Es kann sein, dass im Lebensplan der Mutter enthalten ist,
in Schwangerschaftskomplikationen zu geraten und die Kinderseele stellt sich zur Verfügung, um mitzumachen. Es kann aber
auch so sein, dass eine Mutter eine Kinderseele empfängt oder
anzieht, für die schon Schwangerschaftskomplikationen vorgesehen sind.

Gibt es einen Einfluss des Vaters auf die Schwangerschaft?

Der kann sich nur auf der mentalen Ebene abspielen, d.h. unterstützend, beruhigend - oder ängstlich. Der Vater kann versuchen, positiven Einfluss auf den Schwangerschaftsverlauf zu nehmen, wenn er im feinstofflichen Bereich arbeitet, z.B. seine Hände auflegt oder betet. Oder er nimmt auch mit den Schutzengeln der Mutter oder des Kindes Kontakt auf.

Ist es möglich - falls der Vater beispielsweise das Kind völlig ablehnt, die Mutter das Kind aber unbedingt bekommen möchte - dass das Kind sich nach den Wünschen des Vaters ausrichtet und es zu Schwangerschaftskomplikationen kommt?

Das kann schon sein, weil manches Mal das Kind mit dem Vater energetisch stärker verbunden ist als mit der Mutter. In seltenen Fällen können auch Schwangerschaftskomplikationen energetisch über den Vater laufen und zwar dann, wenn es karmische Gründe gibt. Normalerweise ist es aber eine Angelegenheit zwischen Mutter und Kind.

Wie wirken sich ↘ Beziehungsprobleme in der Partnerschaft auf das Ungeborene aus? Was empfindet ein Kind, wenn der Vater die Mutter während der Schwangerschaft verlässt?

Partnerschaftskonflikte beeinflussen natürlich die Entwicklung des Kindes, aber wenn eine Seele beschlossen hat, zu kommen, dann kommt sie auf alle Fälle, egal wie es der Mutter während der Schwangerschaft geht. Das Kind spürt die Emotionen der Mutter, spürt das Energiefeld der Mutter, aber es weiß auch um seinen eigenen Lebensplan.

Es weiß um den Lebensplan der Mutter und es wusste zum Zeitpunkt der Zeugung, dass die Wahrscheinlichkeit einer Trennung besteht, selbst wenn es für die Mutter überraschend kommt. Das ist wieder Teil ihres Lernprogramms, aber das Kind kann meist besser damit umgehen, als die Mutter selbst.

Wie empfindet das Kind, wenn die Mutter nur wegen des Kindes den Partner halten möchte oder beim Partner bleibt?

Erzengel-Kombi-Essenz
No. 02 „Nanael"
↘ 88

Es bedeutet eine Belastung für das Kind. Eigentlich ist es eine Erschwernis der Situation für das Kind. Die Mutter glaubt zwar, dem Kind das Leben zu erleichtern, aber meist ist es umgekehrt, denn in vielen Fällen ist eine innere Trennung zwischen den Partnern schon längst vollzogen oder die seelisch-energetischen Belastungen sind dermaßen hoch, dass das Kind unter diesen Belastungen mehr leidet als unter einer Trennung.

Was empfindet ein Kind bei anderen persönlichen ↘ Schwierigkeiten oder Schocks der Mutter?

Die Emotionen der Mutter bedeuten eine (große) Belastung für das Kind. Aber das Kind ist natürlich wertfreier als die Mutter selbst. Es spürt zwar die Emotionen seiner Mutter, sieht aber die Gesamtsituation aus übergeordneter, geistiger Sicht. Schwierigkeiten oder Schocks der Mutter übertragen sich auf die Aura des Kindes, sie werden in seinen Körperzellen abgespeichert, auch auf der Seelenebene. Diese belastenden Informationen werden jedoch in dem Augenblick gelöscht, in dem die Mutter die seelischen Notfalltropfen nimmt (Engel-Kombi-Essenz No. 02 | Nanael).

Geschieht das nur während der Schwangerschaft oder auch noch danach?

Auch noch danach. Aber während der Schwangerschaft ist es ganz besonders stark, weil das Kind energetisch eins ist mit der Mutter. Es spürt noch unmittelbarer die Auswirkungen, die auf die Mutter einströmen, weil das Kind noch feinstofflicher ist und keinen Schutzpanzer um sich hat.

Oft wird gesagt, wenn ein Kind kommt, geht ein anderer Mensch. Stimmt das?

Es ist in manchen Familien tatsächlich so, aber man kann das nicht verallgemeinern. Es macht manches Mal jemand Platz für eine Seele, die kommen möchte, das hängt mit der Energie in der Familie zusammen. Es kann vorkommen, dass dies in einer Familie über Generationen hinweg immer wieder der Fall ist.

Aura-Essenz
„Strahlungsschutz"
↘ 113

Was empfindet ein ungeborenes Kind bei einer ↘ Schwangerschaftsuntersuchung?

Das Kind empfindet das als Störung, als Eintritt oder Eingriff in seine Intim- oder Privatsphäre. Man kann sich das Kind vorstellen wie ein kleines Tier, das in der Höhle lebt und dann kommt jemand und stochert in der Höhle herum. Und das empfindet es als Zumutung oder als Grenzüberschreitung. Sein Territorium wird betreten, ohne dass das Kind oder die Seele eine Notwendigkeit oder einen Sinn dafür erkennen kann. Für das Kind kann es sogar beängstigend sein, weil es ja mit der Situation nicht umgehen kann. Es sind in erster Linie Vaginaluntersuchungen, die die Sphäre des Kindes stören. Es ist eine Erschütterung, eine energetische Belastung, falls eine Sonde eingeführt wird oder ein Ultraschallgerät verwendet wird. Ultraschall und Röntgen sind Bombardements für die Aura des Kindes. Diese Wellen stören das Kind. (Es ist so, dass die Herzfrequenz ansteigt und das Kind ängstlich reagiert.) Es spürt auch die Anspannung der Mutter während der Untersuchung und die Befürchtungen, dass mit dem Kind irgendetwas nicht stimmen könnte. Ultraschallwellen sind Wellen, die die Aura des Kindes stören.

Wie ist das, wenn eine Sonde eingeführt wird?

Das ist eine Bedrohung, die das Kind zwar nicht sehen kann, aber energetisch spürt und nicht zuordnen kann.

Ist eine ↘ CTG-Untersuchung etwas, das wir jetzt angesprochen haben?

Ja, eine CTG-Untersuchung ist auch ein Eingriff, eine energetische Störung für das Kind. Wehenschreiber, Wehenmesser, Elektronik, das elektromagnetische Feld der Apparate, all das stört das Kind erheblich.

Gibt es speziell bei diesen Untersuchungen eine Aura-Essenz oder Tropfen, die das Kind schützend begleiten?

Die Strahlungsschutz-Essenz (Engel-Aura-Essenz „Strahlungsschutz") wäre ideal, wenn elektromagnetische Wellen im Spiel

Erzengel-Kombi-Essenz
No. 22 „Doriel"
↘ 78

Aura-Essenzen
„Erzengel Gabriel" ↘ 111
„Energetische Abgrenzung" ↘ 109
„Energetische Reinigung" ↘ 109

sind. Das gilt auch für Ultraschalluntersuchungen, wobei die Aura des Kindes durchleuchtet wird. Bei Vaginaluntersuchungen wäre eher die Abgrenzungsessenz (Engel-Aura-Essenz „Energetische Abgrenzung") zu empfehlen. Beide Essenzen sollte die Mutter vor den Untersuchungen verwenden, und zwar einige Tage vorher und noch einige Tage danach. Mit der Reinigungsessenz (Engel-Aura-Essenz „Energetische Reinigung") oder mit der Gabriel-Essenz (Engel-Aura-Essenz „Erzengel Gabriel") wiederum können Belastungen, die sich in der Aura abspeichern, wieder entfernt werden. Falls die Mutter sehr nervös oder ängstlich ist, sollte sie die entsprechende Essenz (Engel-Kombi-Essenz No. 22 | Doriel) vor der Untersuchung verwenden.

Kommen wir zur ↘ **Cerclage** - inwieweit stellt eine Cerclage einen manipulativen Eingriff dar?

Eine Cerclage wird angewandt, wenn eine Frühgeburt droht. Es ist eigentlich ein manipulativer Eingriff, weil es dem Kind schwer gemacht wird, den Rückzug anzutreten. Das Kind fühlt sich energetisch gefangen. Es fühlt sich eingesperrt, es fühlt sich in seinem freien Willen beschränkt. Streng genommen ist eine Cerclage ein Eingriff in das Karma von Mutter und Kind. Aber eine Cerclage ist gleichzeitig eine Möglichkeit, einer Mutter zu helfen, ihr Kind zu behalten. Das heißt, man muss das Problem auch auf der emotionalen Ebene betrachten und darf das nicht bewerten und nicht sagen: Du darfst keine Cerclage anwenden, weil du dir sonst Karma auflädst. Diese Entscheidung sollte jeder Mutter freigestellt werden, denn, wenn das Kind wirklich gehen muss, dann geht es ohnehin.

Es ist dasselbe, wenn Frauen in den ersten Schwangerschaftsmonaten liegen müssen, um ihr Kind nicht zu verlieren. Da kann man auch nicht sagen, dass sie das nicht darf, weil das ein Eingriff ins Karma ist, sondern das ist in gewisser Weise ein Lernprozess für die Mutter. Die Mutter braucht Geduld, lernt Verantwortung oder muss Ängste überwinden oder sich hundertprozentig für das Kind entscheiden. Meist ist es so, dass Frauen, denen eine Fehlgeburt oder Frühgeburt droht, sich unbewusst nicht uneingeschränkt für das Kind entschieden haben, auch wenn es ein Wunschkind ist. Da kann es vorkommen, dass die Seele der Mutter nicht vollkommen überzeugt ist, dieses Kind wirklich auszutragen. Somit ist es eigentlich eine Prüfung für die Mutter, ob

Aura-Essenz
„Baby & Kleinkind"
↘ 108

sie bereit ist, das Kind wirklich zu bekommen, oder ein Überprüfen der eigenen Einstellung zu dieser Schwangerschaft. Eine Cerclage ist keine Krankheit. Frauen, die diesen Eingriff bekommen oder die liegen müssen, werden von ihrem Umfeld oft sehr bedauert, zum Teil auch verhätschelt. Man behandelt sie manchmal wie Kranke, aber in Wirklichkeit ist es ein Entscheidungsprozess und Reifeprozess, der in der Mutter abläuft.

> *Wir möchten über* ↘ **Frühgeburten** *etwas erfahren. Was passiert, wenn es zu einer Frühgeburt kommt?*

Wenn es zu einer Frühgeburt kommt, kann es das Vorpreschen einer Seele bedeuten. Es kann sein, dass die Seele schon reifer sein und nicht mehr im Mutterleib verharren möchte. Sie möchte aus diesem physischen Gefängnis herauskommen, und weiß nicht, dass sie eigentlich im eigenen Körper gefangen ist. Eine Frühgeburt kann eine sehr ungeduldige Seele, aber auch eine abenteuerlustige Seele sein, eine Seele, die das Leben und das Risiko herausfordert. Es kann auch sein, dass es ein Teil des Lernthemas dieser Seele und / oder der Mutter ist, also karmischer Natur. Obwohl die Frühgeburt immer mit einem körperlichen Risiko für das Kind verbunden ist, kann es sein, dass das Kind vielleicht bewusst dieses Risiko sucht oder die zukünftigen Eltern herausfordern möchte, an dieser Situation zu wachsen, oder sich noch einmal für ihr Kind bewusst zu entscheiden.

> *Wenn das Neugeborene durch die Frühgeburt in den Brutkasten kommt, wie fühlt es sich da?*

Dem zu früh Geborenen geht es im Brutkasten nicht sehr gut, es fühlt sich eingesperrt, ausgeliefert und eingeengt, von der Mutter getrennt. Das ist ein ziemlich schlimmer Zustand für das Kind. Das Kind ist von Geräten umgeben und wird mit Licht beleuchtet, um Gelbsucht zu verhindern. Es ist einer Maschinerie ausgesetzt, wird untersucht und „gepiekst". In diesem Zustand kann man helfend eingreifen, indem man für das Kind die Babynotfall-Essenz sprüht (Engel-Aura-Essenz „Baby & Kleinkind | Beruhigung"). Gleichzeitig sollte die Mutter in dieser Situation auch mit den Schutzengeln des Kindes Kontakt aufnehmen und sie bitten, es besonders intensiv zu begleiten und zu schützen.

> *Wie sollte dieser Kontakt aussehen?*

Der Kontakt kann durch Gedanken oder durch eine ausgesprochene Bitte erfolgen. Es ist ganz einfach, mit den Schutzengeln des Kindes in Kontakt zu treten.

Die Mutter stellt sich dabei einfach vor, dass das Kind zwei Schutzengel hat, an die sie sich direkt wenden kann. Sie kann aber auch Kontakt über ihre eigenen Schutzengel herstellen. Das heißt, sie bittet ihre eigenen Schutzengel, mit den Schutzengeln des Kindes in Kontakt zu treten.

> *Was können Eltern tun, um sich optimal auf eine ↘ Geburt vorzubereiten?*

Mutter wie Vater sollten sich bereits während der Schwangerschaft direkt mit der Seele des Ungeborenen in Verbindung setzen, mit ihr sprechen, und mit den Schutzengeln des Kindes Kontakt aufnehmen. Sie können auch mit den Geburtsengeln Kontakt aufnehmen und darum bitten, für eine optimale Geburt zu sorgen und Mutter und Kind während der Geburt unterstützen. Schwangerschaftsengel sind Helferengel, die während der Schwangerschaft an der Seite der Mutter sind und ihr zu Ernährung, Schlaf, Bewegung oder körperlicher Schonung Impulse geben. Es sind immer einige Schwangerschaftsengel an der Seite der schwangeren Frau, mit denen sie durch innere Zwiegespräche in Kontakt treten kann.

Dies alles kann sie vor der Geburt, am besten vier bis sechs Wochen vor dem errechneten Geburtstermin, noch intensivieren. Mutter wie auch Vater können Geburtsengel herbeirufen, denn die Schwangerschaftsengel ziehen sich in den letzen Tagen vor der Geburt zurück und werden von den Geburtsengeln abgelöst. Wenn es vorgesehen ist, dass es aus karmischen Gründen zu Komplikationen während der Geburt kommen wird, kann man möglicherweise bewirken, dass die Komplikationen abgeschwächt werden. Wenn man aufgrund einer medizinischen Prognose weiß, dass es zu einer schwierigen Geburt kommen könnte, sollte man sich auch an die Karmaengel wenden und an die Engel der Gnade, denn wenn es aus göttlicher Ordnung erlaubt ist, kann einiges an Problemen im Voraus abgewendet werden.

Aura-Essenzen
„Erzengel Michael" ↘ 111
„Strahlungsschutz" ↘ 113

Wie steht es um die Anwesenheit der Engel am Geburtsort?

 In jedem Kreißsaal sind Engel vorhanden: Geburtsengel, deren Energien aber möglicherweise durch die vorherrschende Technologie etwas zurückgedrängt werden. Wenn beispielsweise in einem großen Krankenhaus sehr viele technische Geräte vorhanden sind, ein Hubschrauberlandeplatz am Dach, Handymasten, eine Satellitenantenne usw., dann werden diese technischen Strahlungen die Engelenergien überlagern oder sogar zurückdrängen.

Das heißt, die Engel sind im Kreißsaal vorhanden, aber ihre Energien sind eingeschränkt oder gefiltert. Mit Hilfe der Engelessenzen kann man die Engelenergien verstärken oder noch mehr Engel herbeirufen.

Welche Essenzen hat die Engelwelt für die Geburt bereitgestellt?

 Die Essenz von Erzengel Michael (Engel-Aura-Essenz „Erzengel Michael") wäre wichtig bei der Geburt. Auch die Essenzen für Reinigung und gegen Strahlungen (Engel-Aura-Essenz „Energetische Reinigung" und „Strahlungsschutz").

Das alles sind Engelessenzen, die die Aura der Mutter und des Kindes schützen, und Mutter, Hebamme und Arzt sensibler machen für die Impulse und Anleitungen der Geburtsengel während der Geburt. Hebammen sollten nach Möglichkeit immer Essenzen im Kreißsaal sprühen. Wird das regelmäßig gemacht, dann ist ein besserer Kontakt oder ein besseres Wahrnehmen der vorhandenen Engelenergien gewährleistet. Hebammen könnten damit sehr gute Hilfe leisten.

So gesehen ist auch eine Entbindung zu Hause oder in einem Geburtshaus einer Entbindung im Krankenhaus vorzuziehen. Die Entscheidung sollte aber immer bei der Mutter liegen. Das heißt, wenn sie Angst davor hat, in einem Geburtshaus oder zu Hause zu entbinden, ist es besser, sie geht in ein Krankenhaus. Den Engeln ist es egal, wo die Mutter entbindet, auch wenn sie zu Hause oder in einem Geburtshaus entbindet, sind Geburtsengel da. Wahrscheinlich sind sie noch stärker wahrnehmbar als in einem hoch technisierten Krankenhaus.

> *Ist damit alles zum Unterschied von Klinik- und Hausgeburten gesagt oder gibt es da noch weitere Hinweise?*

Meist gibt es noch Unterschiede in der Betreuung. Man kann nicht sagen, dass Hebammen, die zu Hause entbinden, besser sind als Krankenhaushebammen, aber sie haben mehr Zeit und mehr Energie zur Verfügung als Hebammen und Ärzte in Krankenhäusern, weil sie nur für diese eine Frau da sind und energetisch gesehen ist das ein Faktor, der nicht zu unterschätzen ist. Es gibt Frauen, die ihre eigene Hebamme ins Krankenhaus mitbringen.

> *Welche Engel sind bei einer* ↘ **Geburt** *dabei?*

Die Schutzengel des Kindes, der Mutter, des Vaters oder der Begleitperson, der Hebamme, des Arztes, die Erzengel Raphael, Michael und / oder Gabriel. Raphael vor allem dann, wenn es Komplikationen gibt oder wenn ein Kaiserschnitt angesagt ist. Und es sind die „hauseigenen" (Kreißsaal-)Engel und die Geburtsengel dabei. Die Schwangerschaftsengel haben sich ja zu diesem Zeitpunkt bereits zurückgezogen.

> *Was ist die eigentliche Funktion der Geburtsengel?*

In erster Linie Beobachtung, Schutz und Geleit. Sie greifen nicht ein, sondern haben eine Begleitfunktion. Man kann sich das so vorstellen, als würden die Engel eine Art Energiekugel, einen Lichttunnel oder Lichtzylinder aufbauen und in diesem Energiegebilde spielt sich die physische Geburt ab.

> *Spielen die Kreißsaal-Engel oder Krankenhaus-Engel zusätzlich noch eine spezifische Rolle während der Geburt?*

Die „hauseigenen" Engel arbeiten mit den jeweiligen Geburtsengeln zusammen, das heißt, die hauseigenen Kreißsaal-Engel sind für alle Frauen und alle Kinder, die dort geboren werden, zuständig. Diese Engelgruppe ist immer stationär vorhanden. Es sind Krankenhausengel, die eigens dafür da sind, um alle Geburten energetisch zu unterstützen. Die Geburtsengel arbeiten eher spezifisch, für jede Frau individuell. Sie kommen mit der Frau ins Krankenhaus und gehen mit ihr auch wieder. Man könnte sagen, sie sind ähnlich wie die Schutzengel für Mutter und Kind, die sich jedoch nach der Geburt wieder zurückziehen. Wenn jetzt vier Frauen gleichzeitig entbinden, dann sind vier verschiedene Geburtsengel-Gruppen und eine „hauseigene" Kreißsaalengel-Gruppe dabei. Kreißsaal-Engel arbeiten mit den jeweiligen Geburtsengeln intensiv zusammen. Ihre energetische Anwesenheit hängt stark mit der Energie und der Atmosphäre im Kreißsaal zusammen. Es kann natürlich sein, dass auch sie von der Technik etwas zurückgedrängt werden.

Lässt sich die Präsenz von Engeln im Kranken- oder Geburtshaus irgendwie beeinflussen?

Das hängt sehr stark mit der Leitung des Krankenhauses zusammen. Wenn das Krankenhaus von einer spirituell entwickelten Person geleitet wird, strahlt diese Energie im ganzen Haus und natürlich auch im Kreißsaal. Dagegen steht der Vorteil einer Hausgeburt, in dem entbunden wird oder eines Geburtshauses, in dem es vordergründig meist nicht um wirtschaftlich-medizinische Interessen geht, sondern darum, der Mutter und dem Kind eine angenehme Atmosphäre zu ermöglichen.

Je spirituell bewusster die Leitung eines Krankenhauses ist, desto besser wirkt sich das auf die Energie im Allgemeinen und auf die Anzahl der Kreißsaalengel aus. Hat ein Oberarzt oder ein Abteilungsarzt der gynäkologischen Abteilung ein hohes Bewusstsein und einen guten Draht zur Engelwelt, egal, ob bewusst oder unbewusst, dann wirkt sich das auch positiv auf das gesamte Krankenhaus aus.

Was können Hebammen in einem hoch technisierten Krankenhaus bewirken?

Wenn die Leitung des Krankenhauses oder die Leitung der gynäkologischen Abteilung nicht besonders spirituell aufgeschlossen ist, dann können das eine Hebamme oder mehrere Hebammen ausgleichen: Durch ihre Anwesenheit, durch ihre Energien, ihre Schwingungen, ihre Zusammenarbeit mit den Engeln. Das sind dann die Lichtinseln innerhalb des Krankenhauses. (Das gilt natürlich auch für alle anderen Abteilungen.) Man kann als Hebamme mit den Engelessenzen (Engel-Aura-Essenzen) sehr viel be-

Aura-Essenzen
„Baby & Kleinkind" ↘ 108
„Energetische Abgrenzung" ↘ 109
„Energetische Reinigung" ↘ 109

wirken, im Speziellen in Kreißsälen und Untersuchungsräumen, in den Säuglingszimmern, auch in den Zimmern der Mütter. So kann die Energie, die Grundschwingung der Mutter um ein Vielfaches angehoben werden. Insgesamt können eventuell vorherrschende negative Energien aufgelöst, transformiert und zurückgedrängt werden. Damit wird Platz gemacht für hohe Engelwesen. Und diese positiven Engelenergien könnten mit Hilfe der Auraessenzen um ein Vielfaches verstärkt werden!

Gibt es dafür spezielle Aura-Essenzen?

Wichtig für eine energetische Reinigung wäre die Engel-Aura-Essenz „Energetische Reinigung", im Kinderzimmer wäre die Babyessenz (Engel-Aura-Essenz „Baby und Kleinkind | Beruhigung") empfehlenswert. Die Essenzen „Engelmeditation" und „Erzengel Michael" könnten auch noch sehr hilfreich sein.

Einmal am Tag sollten Hebamme oder Krankenschwester die Räume energetisch reinigen und die anderen Essenzen nach Bedarf verwenden. In den Kinderzimmern sollte sie immer mit der Babyessenz arbeiten, weil diese Essenz den Kindern hilft, sich im grobstofflichen Körper zu verankern, den physischen Körper leichter anzunehmen und sich auf das irdische Leben besser einzulassen.

Welche Rolle spielt die Geburtsessenz?

Die Geburtsessenz wird von den Geburtsengeln energetisiert und unterstützt den Geburtsvorgang energetisch mit Licht. Die Mutter kann diese Essenz (oder das entsprechende Öl) vor oder während der Geburt verwenden. Der Geburtsvorgang wird auf der energetischen Ebene von Engeln unterstützt, was in vielen Fällen auch auf der physischen Ebene zu spüren ist. Das Kind kann leichter ins irdische Leben eintreten, weil ja zum Zeitpunkt der Geburt der letzte Teil der Seele endgültig inkarniert. Die Verankerung der Seele in den Körper wird mit der Geburt abgeschlossen.

Bei Geburtskomplikationen arbeiten die Geburtsengel auf Hochtouren. Sie versuchen, wichtige energetische Impulse zu geben, dürfen aber nur begrenzt eingreifen. Die Geburtsengel schicken spezielle Heilstrahlen in den Farben Grün, Weiß und Gold, die sie auf bestimmten Körperstellen der Frau fokussieren.

Aura-Essenzen
„Engel-Meditation"
↘ 110
„Erzengel Michael"
↘ 111

Und jetzt zur ↘ Narkose. Was könnt Ihr uns dazu sagen?

 Eine Narkose wirkt sich in der Aura eines Menschen immer sehr belastend aus. Man kann sich das etwa so vorstellen, dass sich das Kind wie in einer Art Nebel befindet, Angst bekommt und die Orientierung verliert. Die Mutter fühlt oft das Gleiche. Eine Narkose strahlt nicht nach außen, sondern dringt in die Aura ein, das heißt, es handelt sich nicht um eine Strahlung, sondern eigentlich um eine energetische Verunreinigung.

Während der Narkose kann es geschehen, dass die Seele der Mutter kurzzeitig den Körper verlässt. Es kann auch sein – und in ganz seltenen Fällen kommt es auch vor – dass eine fremde Seele in den Körper eindringt, das nennt man dann Besetzung[16]. Es kann geschehen, dass die eigene Seele nach einer Narkose nicht mehr zur Gänze in den Körper zurückkehrt, sondern ein Teil der Seele neben dem Körper der Mutter bleibt. Die Frau hat dann das Gefühl, sie stehe neben sich, sie fühlt sich zerstreut, ihre Wahrnehmungen sind viel diffuser als sonst.

Handelt es sich dabei um die Seele oder um das Bewusstsein (oder Teile des Bewusstseins), die da vielleicht nicht vollständig nach einer Narkose zurückkehren?

 Das Bewusstsein ist ein Wahrnehmungszustand und als Energie definiert. Und ein Wahrnehmungszustand kann einen Körper nicht verlassen. Der Wahrnehmungszustand, das Bewusstsein, kann durch eine Narkose getrübt sein, aber es ist die Seele, die den Körper kurzzeitig verlässt. Das Gleiche wie bei einer Narkose kann auch in einem Schockzustand passieren. Man kann sich das so vorstellen: Der physische Körper wird durchdrungen von einem Lichtkörper, dieser Lichtköper, diese Lichtspirale ist die Seele. Diese Seele kann durch Narkose oder durch Schock kurzzeitig aus dem Körper hinausschlüpfen, wobei sie über die so genannte Silberschnur verbunden ist, aber es kann sein, dass sie dann nicht richtig wieder einfädelt bzw. dass da etwas anderes sitzt, was den Platz der Seele einnimmt.

Was geschieht dann?

 Es kann zu einer Bewusstseinsstörung kommen, zu einer Persön-

---

[16] Siehe Seite 167: Besetzungen, Fremdenergien

Erzengel-Kombi-Öl /
Erzengel-Kombi-Essenz
No. 32 „Sorihael"
↘ 102

lichkeitsspaltung. Der Mensch ist dann fremdbestimmt, besetzt. Die Seele findet ihren Platz nicht mehr vor - oder ein Teil ihres Platzes ist besetzt. Sie bleibt ständig im Umfeld dieser Person, aber sie kann nicht im vollen Ausmaß zurückkehren. Das könnte man als Persönlichkeitsspaltung, Bewusstseinsstörung, Psychopathie, psychopatische Zustände oder Schizophrenie bezeichnen.

Welche Engelessenzen sind als Schutz empfehlenswert?

 Um hier Schutz zu gewährleisten, wirken am besten die Narkose-Essenz oder das Narkose-Öl (Engel-Kombi-Essenz / Öl No. 32 | Sorihael). Die Engel bauen dabei eine energetische Lichtspirale auf, die mit dem physischen Körper verbunden ist. Während der Narkose, wenn die Seele kurz den physischen Körper verlässt, bleibt sie über die Lichtspirale wie durch eine energetische Schnur mit dem physischen Körper in Verbindung. Gleichzeitig bietet diese Essenz Schutz vor anderen energetischen Belastungen. Das bedeutet absoluten Schutz für Mutter und Kind.

Wie soll man diese Essenz verwenden?

 Wenn man weiß, dass ein Kaiserschnitt bevorsteht, sollte man die Essenz bereits einige Tage vor der Narkose einnehmen oder das entsprechende Öl am Körper auftragen. Eine Narkose ist immer auch eine energetische Verunreinigung der Aura. Narkoseenergien halten sich über Jahrzehnte im feinstofflichen Körper des Menschen, wenn dieser energetisch nicht gereinigt wird. Und deshalb sollte man die Narkoseessenz noch einige Zeit nach der Narkose verwenden. Auch für das Neugeborene wäre das wichtig. Dem Kind sollte man von der Narkoseessenz oder vom Öl ein paar Tropfen auf die Fußsohlen, Bauch, Nacken, Stirn, Handflächen tropfen und sanft einmassieren oder ins Badewasser geben.

*Wie wirkt sich eine Narkose beim Kind aus, beispielsweise bei einem ↘ **Kaiserschnitt**?*

 Kinder, die unter Narkose zur Welt kommen, haben oft über Jahre Schwierigkeiten, mit den Narkosefolgen zurechtzukommen. Narkose und Kaiserschnitt erzeugen eine Eintrübung der Aura,

Aura-Essenz
„Strahlungsschutz"
↘ 113

Aura-Essenz
„Energetische
Abgrenzung"
↘ 109

wie beim Tintenfisch, der seine Tinte im Wasser verspritzt. Diese energetische Trübung braucht lange Zeit für eine Klärung. Während Narkose und Kaiserschnitt sind zwei bis vier Notfallengel im Raum. Ihr Licht ist golden und transparent. Sie beobachten das Geschehen und lenken und leiten Hebamme und Arzt.

Wie gut diese die Engelführung annehmen, hängt von der Intuition oder spirituellen Sensibilität der Personen ab. Ärzte, die einen Kaiserschnitt aus überwiegend finanziellen Gründen durchführen, belasten ihr Karma sehr stark.

Was kann die Engel-Aura-Essenz „Strahlungsschutz" während einer Narkose bewirken?

Falls es bei einer Operation zum Einsatz von technischen Geräten kommt, die ein starkes elektromagnetisches Feld haben, ist diese Essenz gleichzeitig ein Schutz für Mutter und Kind. Man kann aber auch die Abgrenzungs-Essenz (Engel-Aura-Essenz „Energetische Abgrenzung") verwenden.

Da Mutter und Kind während der Narkose energetisch sehr sensibel sind, nehmen sie besonders viel an energetischen Belastungen auf, weil sich vor allem die Mutter während der Narkose in einem anderen Bewusstseinszustand befindet. Und da sind energetischen Belastungen Tür und Tor geöffnet, die sich in der Aura festsetzen. Deshalb wäre es sinnvoll, die Narkoseessenz mit der Strahlungsschutz-Essenz oder Abgrenzungs-Essenz zu kombinieren.

Die Essenzen festigen die Aura der Mutter, sie entwickeln einen energetischen Schutzwall und sind gleichzeitig auch zur Abwehr von Besetzungen und Fremdenergien hervorragend geeignet.

Wann verwendet man welche Essenz?

Die Frau, der Arzt oder die Hebamme sollten vor einer Narkose intuitiv entscheiden, ob zusätzlich zur Narkoseessenz der „Strahlungsschutz" oder die „Energetische Abgrenzung" verwendet werden sollte. Im Zweifelsfall sind beide Essenzen anzuwenden.

Erzengel-Kombi-Öl
No. 33 „Curiel"
↘ 76

Aura-Essenz
„Baby & Kleinkind"
↘ 108

Noch einmal zurück zum Kaiserschnitt. Wie erlebt das Kind diesen Eingriff?

● Ähnlich wie bei einer Untersuchung: Als Überrumpelung, als Überschreitung seiner intimen Grenzen, als Manipulation, als Eindringen in seine Welt, als Zerstören seiner Schutzhülle, als radikale Veränderung seiner Lebenssituation, als Bedrohung, als Angriff, als Schmerz.

Wenn eine Frau weiß, dass es zu einem Kaiserschnitt kommen wird, sollte sie das Kind unbedingt darauf vorbereiten, indem sie mit der Seele des Kindes spricht. Die Ungeborenen bekommen ja energetisch alle Belastungen mit, wenn die Frauen Angst vor einem Kaiserschnitt haben. Sie hören das Gespräch zwischen Arzt, Hebamme und Mutter. Dennoch hat die Mutter die Möglichkeit und die Chance, das Kind auf den Eingriff vorzubereiten, indem sie ihm erklärt, warum das gemacht wird, wie sich das anfühlen wird und dass es zu seinem Besten geschieht.

Wie kann man einen Kaiserschnitt für das Kind „entschärfen"?

● Mit der Auraessenz „Baby- und Kleinkinder" sollte das Kind einige Zeit nach der Entbindung behandelt werden. Und auch mit der Narkose-Essenz oder dem Narkose-Öl. Falls der Kaiserschnitt für das Kind sehr schmerzhaft sein sollte - körperlich schmerzhaft - (was sich Ärzte zwar nicht vorstellen können, was aber durchaus der Fall sein kann) und was man am Gesichtsausdruck des Kindes ablesen kann, könnte man noch das Operationsöl (Engel-Kombi-Öl No. 33 | Curiel) einige Zeit lang am Körper des Kindes auftragen. Und gleichzeitig von der Mutter verwendet werden. Natürlich nicht auf der Wunde, sondern im umgebenden Bereich. Das unterstützt den Heilungsprozess. (Man könnte dieses „Operations-Öl" auch auf die Fußsohlen auftragen.) Dieses Öl sollte übrigens in allen Kreißsälen und in allen Operationsräumen vorhanden sein.

Gibt es beim Kaiserschnitt spezielle Engel, die diese Operation begleiten, oder werden Führung, Schutz und Begleitung von Operationsengeln übernommen?

● Ja, von den Operationsengeln und zusätzlich noch von den Geburtsengeln, Schutzengeln und Kreißsaalengeln. Diese unterstützen die Operation – aber es gibt keine „Kaiserschnittengel" in dem Sinn, das wäre zu spezifisch.

> Ist es wichtig, dass die Frau diese Engel vor der Operation herbeiruft?

Nein. Durch die Anwendung des Öls, der Essenz oder der Symbole sind die Engel immer automatisch da. Eine Hebamme kann sie natürlich auf gedanklichem Weg herbeirufen, aber eine Anwendung der Symbole und des Öls verstärkt die Energien. So kann man beispielsweise auch die Geburtsengel herbeirufen, doch durch Geburtsessenz oder Geburtsöl werden die Energien der Geburtsengel noch verstärkt. Essenzen, Auraessenzen etc. sind vergleichbar mit Lautsprecherboxen. Man kann die Engelenergien vervielfältigen, multiplizieren und um ein Vielfaches, Hundertfaches, Tausendfaches verstärken. Sie sind Hilfen aus der Engelwelt, und wenn man sie verwendet, kann man mehr Menschen mit weniger Anstrengungen Hilfestellungen geben.

> Was ist mit Anstrengungen gemeint?

Unter Anstrengungen meinen wir körperliche Anstrengungen und geistige Anstrengungen. Viele Menschen glauben, immer alles alleine schaffen zu müssen und setzen einen enormen Aufwand ein, um Dinge zu bewältigen. Mit Hilfe von Symbolen und Essenzen brauchen sie weniger Aufwand, sie können ihre Kraft für andere Situationen sparen oder zusätzlich an andere Menschen weitergeben.

Wenn eine Hebamme mit einem guten Draht zur Engelwelt bei allen Geburten die Engel mit einbezieht, kann sie mit gleicher Kraft viel mehr Frauen helfen, wenn sie die Engelessenzen und Engelöle verwendet. Das heißt, sie braucht sich nicht mehr selbst so intensiv einbringen und braucht nicht jedes Mal die Engel bitten, sondern die sind in dem Augenblick da, wo sie beginnt, mit Symbolen und Essenzen zu arbeiten.

> Was habt Ihr uns über ↘ **Beruhigung und Schutz** von Neugeborenen und Babys zu sagen?

Aura-Essenz
„Baby & Kleinkind"
↘ 108

 Auf der Erde sind negative Energien wie z.B. Funkwellen, Handystrahlen, Mikrowellen etc. sehr stark angestiegen. Kinder, die heute zur Welt kommen, sind sensibler, dünnhäutiger. Sie werden feinstofflich höher schwingend geboren, brauchen länger, um sich zu akklimatisieren. Oft haben sie den großen Wunsch, wieder zurückzukehren, wo sie hergekommen sind. Sie fühlen sich wie Ausgesetzte, leiden physische Schmerzen. Der Übergang vom Feinstofflichen ins Grobstoffliche gestaltet sich oft sehr schwierig. Die Kinder haben allerdings in ihren Zellen bereits die Fähigkeit gespeichert, mit allen Frequenzen zurechtzukommen, aber der Einstieg ist schwierig. Diese Umstände machen sich bemerkbar in „Schreibabys", unruhigen Kindern. Es kann sein, dass ihr feinstofflicher Körper Schaden nimmt, ohne dass die Mütter das wissen. Deshalb ist es wichtig, sie wie mit einer Schutzcreme an kalten Wintertagen zu schützen. Eine Babyhaut kann rissig werden, wenn man sie nicht schützt, die Aura ebenso. Die Baby-Essenz (Engel-Aura-Essenz „Baby und Kleinkind | Beruhigung") stabilisiert und festigt die Aura der Kinder. Sie ist ein sehr starker Schutz, vergleichbar mit Federn bei nackten Küken. Sie sind dadurch energetisch besser vor fremden Emotionen, Einstrahlungen, energetischen und feinstofflichen Belastungen geschützt. Die Essenz baut eine Schutzhülle auf, die die Kinder sonst nicht haben.

Gibt es noch etwas, das Ihr uns mitteilen möchtet?

 Ja, noch einmal ein Thema, das wir schon besprochen haben, das uns aber sehr wichtig erscheint: Die Krankenhäuser. Die Engel und deren Energien werden durch Maschinerien und elektromagnetische Strahlungen an den Rand gedrückt, z.B. durch Computer-, Funk- oder Röntgenstrahlen. Bei Hausgeburten oder Geburten in Geburtshäusern ist das völlig anders.

Die Erzengel Gabriel und Michael sind bei Geburten immer anwesend, Erzengel Raphael ist bei schwierigen Geburten vor Ort. Die Erzengel bewahren die Oberaufsicht, sind aber nicht vorherrschend anwesend. Sie bauen um das Gebäude eine energetische Schutzhülle auf, innerhalb der sich die Geburtsengel aufhalten. Werden die Erzengel von Mutter, Hebamme oder Arzt gerufen, sind sie noch intensiver präsent. Sie können auch von der Kinderseele selbst gerufen werden, wenn diese Seele intensiven Kontakt zu ihnen hat, aber das ist eher die Ausnahme. Für eine Hebamme ist es wichtig, mit ihren persönlichen Schutzengeln zusammenzuarbeiten, weil ihre Arbeit ja immer einen bedeutenden Teil ihres eigenen Lebensplanes darstellt. Je mehr Engelenergien sie anzieht, desto besser ist das, für alle Frauen und Mütter, die sie betreut.

Nun haben wir euch das Wichtigste gesagt. Tragt diese Botschaften hinaus, zum Wohle der Neuen Kinder, die nun auf eurem Planeten inkarnieren. Sie sind eure Zukunft, das Heil dieses Planeten.

Danke für eure Ausführungen!

Engelsymbole, Engelessenzen und Engelöle für Schwangerschaft, Geburt und die Zeit danach

Je ‚feinstofflicher' die Kinder sind, die jetzt geboren werden, desto ‚feinstofflicher' sollten auch die Essenzen und Öle sein, die für das Wohlbefinden von Mutter und Kind verwendet werden. Der Anspruch an diese Hilfsmittel ist um vieles höher geworden!

Neue Hilfs- und Heilmittel für eine Neue Zeit

Die Veränderungen um uns bringen mit sich, dass die Anpassung der Menschheit an die immer höher schwingenden Energien auch neue Hilfs- und Heilmittel erfordert. Wir benötigen eine entsprechende Begleitung im Transformationsprozess. Gleichzeitig müssen Krankheit und Genesung neu definiert werden. Das bestehende Gesundheitswesen kapituliert vor immer neuen, komplexeren Krankheiten trotz erstaunlicher medizinischer Fortschritte. Der Mensch muss in seiner Gesamtheit erfasst und als solcher auch in den Heilungsprozess mit einbezogen werden! Deshalb sollte der Heilungsansatz neu überdacht werden: Grobstoffliche Menschen benötig(t)en „grobstoffliche Medizin", feinstoffliche Menschen höher schwingende Heilenergien.

Wir kennen verschiedene Ebenen der Heilung: Eine rein physische (Schulmedizin), mentale (Autogenes Training) oder emotionale Ebene (Blütenessenzen), um nur einige zu nennen. Doch mit diesen Heilungsebenen wird der Mensch im neuen Jahrtausend nicht mehr auskommen! Die Heilenergie der Engel transformiert negative in positive Energie, löst Blockaden in Aura und Chakren, löscht Karma, soweit es geschehen darf, und regeneriert und heilt auf körperlicher, geistiger, seelischer, karmischer und energetischer Ebene. Dies ist ganzheitliches Heilwerden, wie es die Menschen von heute benötigen.

Sich direkt mit der Engelwelt in Verbindung zu setzen, ist eine der zahlreichen Möglichkeiten, Engelenergien in Heilprozesse zu integrieren. Erzengel Raphael ist der höchste Engel, der für Heilung zuständig ist. Ihn kann man jederzeit um seine heilenden Energien bitten, sei es in Gedanken, in einem Zwiegespräch, in einer Meditation. Wichtig ist nicht die äußere Form, sondern die ehrliche, aufrichtige Bitte. Vergessen Sie dabei nicht: Engel wollen gebeten, aber nicht angebetet werden! Auch der Dank ist wichtig! Sei es ein „Dankeschön", das aus tiefstem Herzen kommt, oder zusätzlich noch eine kleine Geste des Dankes, wie eine Blume, eine Kerze, ein schöner Stein, den man der Engelwelt darbringt. Menschen, die in helferischen, heilerischen Berufen tätig sind, benötigen sehr viel an Engelenergien für ihre Klienten und Patienten. Sie haben nicht immer Zeit und Muße, sich zwischen den einzelnen Patienten mit der Engelwelt in Verbindung zu setzen. Manchmal muss es rasch gehen, beispielsweise in Akutfällen oder wenn das Wartezimmer des Arztes oder Therapeuten gerade mit vielen Menschen gefüllt ist, die auf Hilfe warten. Ebenso gibt es Menschen, denen der Zugang zur Engelwelt noch neu oder unbekannt ist. Für sie stellt uns die Engelwelt, unsere Helfer auf der feinstofflichen Ebene, neue Heilmittel zur Verfügung, die es bislang in dieser Form noch nicht gegeben hat.

Engelsymbole und Engelessenzen sind „Medizin" des dritten Jahrtausends

Von der Engelwelt werden uns seit kurzem Hilfen angeboten, die gebündelte, kraftvolle Engelenergien in sich abgespeichert haben: Engelsymbole und Engelessenzen. Diese wirken auf drei Ebenen. Über die Farbfrequenz, die Symbolschwingung und die Engelenergien, die sowohl auf den Symbolen als auch in den Essenzen enthalten sind. Beide sind energetisch versiegelt und können keine belastenden Energien von außen annehmen. Engelsymbole und Engelessenzen nehmen uns keine Probleme ab und lösen keine Lernsituationen in Luft auf. Im Gegenteil: Sie schicken uns in die Eigenverantwortung und bestärken uns, neue Wege zu beschreiten. Sie sind wie Wanderschuhe, die uns Schutz und Halt verleihen. Natürlich können wir unseren Weg auch barfuß zurücklegen, mit Blasen und blutigen, offenen Füßen. Doch die Zeiten, da wir alles mühsam erfahren und durchleben mussten, sind endgültig vorbei. Leiden gehört noch zur Energie der Alten Zeit, des Fische-Zeitalters. Wir müss(t)en nicht mehr leiden und benötigen Krankheit nur mehr als Korrektiv, als Karmaerlösung, oder für Menschen, die nur auf diese Weise zu höherem Bewusstsein gelangen.

Menschen, die mit Engelsymbolen und Engelessenzen arbeiten, bemerken oft nach kurzer Zeit, dass sie einen einfacheren Zugang zur Engelwelt finden. Auch stark „kopflastige" Menschen berichten immer wieder von dieser Erfahrung. Andere wiederum erkennen leichter die Zusammenhänge zwischen ihrer Krankheit und den Ursachen, die zu dieser Krankheit geführt haben. Darüber hinaus unterstützen die Symbole und Essenzen den Einzelnen, um Selbstverantwortung für sein Leben zu übernehmen, anstehende Entscheidungen zu treffen oder sogar unangenehme Veränderungen vorzunehmen.

Was bewirken nun diese Hilfsmittel aus der Engelwelt?

Emotionale Belastungen, die wir aus diesem oder früheren Leben mitbringen, sind sowohl im Zellgedächtnis als auch in der Aura abgespeichert. Dort begleiten sie uns oft über viele Jahre und Jahrzehnte. Überholte Gedankengänge, Sichtweisen, Verhaltensmuster und Zwänge, aber auch alte, überholte Gelübde sind es, die den Menschen in seiner persönlichen wie auch spirituellen Entwicklung hindern können. Wie viele Sitzungen bei Therapeuten sind dafür oft nötig, um diese Blockierungen wieder loszuwerden!

Engelsymbole und Engelessenzen lösen diese Blockaden im feinstofflichen Körper auf rasche und unkomplizierte Art und Weise. Mit dem Auflegen eines Engelsymbols am Körper lösen sich Blockaden innerhalb weniger Sekunden auf und werden in positive Energien transformiert. Die Aura wird gereinigt, deformierte oder kranke Chakren geheilt und neu aufgeladen. Negative, belastende Informationen werden aus dem Zellgedächtnis, der feinstofflichen DNA gelöscht. Sogar Krankheitsmuster, die man aus seiner Herkunftsfamilie übernommen hat.

Nicht nur in der Therapie, auch im Alltag lassen sich Engelsymbole und Engelessenzen leicht und unkompliziert einsetzen. So kann man damit Wasser und Nahrungsmittel energetisieren, Impfstoffe und Medikamente energetisch entstören oder etwa Kosmetikprodukte mit Engelenergien aufladen. Mit Hilfe der Engelsymbole kann man Schutz- und Heilkreise für schwierige Lebenssituationen oder kranke Menschen legen und sie für Fernheilungen einsetzen. Der eigenen Intuition sind dabei keine Grenzen gesetzt.

Engel mögen es einfach – wir Menschen sind manchmal etwas kompliziert!

Die immer weiter voranschreitenden Veränderungen auf unserem Planeten und die rasante spirituelle Entwicklung vieler Menschen erfordern, dass Veränderungen immer schneller vonstatten gehen. Energetische Veränderungen, für die man früher Stunden gebraucht hat – sei es in Ritualen oder langwierigen Meditationen – dürfen heute in wenigen Minuten ab-

laufen. So gibt es beispielsweise verschiedene (aufwändige) Methoden, Heilkristalle oder Aura Soma-Flaschen zu reinigen. Verwendet man dafür jedoch Engelsymbole oder Engelessenzen, sind Kristalle oder Flaschen innerhalb weniger Sekunden energetisch völlig rein. Gewiss gibt es Menschen, die Rituale und Zeremonien bevorzugen. Doch sollten wir nicht vergessen, dass wir in der uns zur Verfügung stehenden Zeit mehr bewältigen und verändern können, wenn wir auf die Hilfsmittel der Engel zurückgreifen.

Engelessenzen und Engelsymbole werden auch als „Helfer für die Helfer" bezeichnet. Hebammen, Ärzte, Heiler, Therapeuten und Laien können ihre Fähigkeiten mit den Engelhilfen koppeln – dadurch entsteht eine noch wirksamere, intensivere und tiefgreifendere Hilfe, als es sonst möglich wäre. Selbst Menschen, die eine rein schulmedizinische Ausbildung und keine spirituellen Kenntnisse haben, können Heilarbeit leisten, sobald sie die Engelsymbole und Engelessenzen in ihre Arbeit integrieren. Ein wichtiger Aspekt bei der Arbeit mit den Engelessenzen und Engelsymbolen ist die Hilfe zur Selbsthilfe. Es ist wichtig, sich nicht von anderen abhängig zu machen, keinem Guru oder Heiler hinterherzulaufen. Engel wollen den Menschen in seine Selbstverantwortung schicken. Nur dann kann er wirklich heil werden!

Nun zu den Engel-Hilfsmitteln im Einzelnen:

Engelsymbole – Schlüssel zur Engelwelt ↘1

Engelsymbole sind – ebenso wie Engelessenzen und Engelöle – Geschenke aus der Engelwelt. Sie heilen unsere feinstofflichen Körper, unsere Chakren, befreien uns auf liebevolle Weise von emotionalen, mentalen und geistigen Blockaden und bringen uns in intensiven Kontakt mit den Engeln. Engelsymbole sind wie

Ø 4 cm

Schlüssel zur Engelwelt. Sie werden uns von der Engelwelt angeboten. Die Entscheidung, ob wir sie verwenden und uns damit die feinstoffliche Heilung der Engelwelt eröffnen, bleibt unserem freien Willen überlassen. Mehr über die Wirkung und Anwendung der Engelsymbole finden Sie in meinen Büchern „Heilende Engelsymbole" und „Heilen mit Engel-Therapie-Symbolen".

Was sind Engelessenzen? ↘ 2

Engelessenzen enthalten die feinstofflichen Energien und Farbschwingungen der Engelsymbole. Sie bestehen aus einem Wasser-Alkohol-Gemisch und sind – wie die Engelsymbole selbst – energetisch versiegelt. Das heißt, sie nehmen keine Energien von außen auf und können sogar von mehreren Menschen gleichzeitig verwendet werden. Engelessenzen werden von Hand abgefüllt und etikettiert. Dunkelviolettes Glas schützt die Trägersubstanz Wasser-Alkohol. Die Engelwelt sorgt für permanentes Nachladen der Essenzen. Damit wird eine optimale und hohe Qualität gewährleistet.

Was sind Engelöle? ↘ 3

Engelöle enthalten ebenfalls die feinstofflichen Engelenergien und Farbschwingungen der Engelsymbole. Als Trägersubstanz wird reines, hochwertiges Jojoba-Öl verwendet. Engelöle werden direkt am Körper aufgetragen, entweder auf Chakren, auf wichtigen Körperpunkten, auf Meridianen, Fußreflexzonen, auf größere Hautzonen oder intuitiv nach eigenem Empfinden. Engelöle sollten nur äußerlich und nicht auf verletzter oder irritierter Haut aufgetragen werden.

Und was sind Engel-Aura-Essenzen? ↘ 4

Wie der Name schon sagt, sind das Engel-Essenzen, die in die Aura eines Menschen, eines Tieres oder einer Pflanze gesprüht werden. Das Alkohol-Wasser-Gemisch ist zusätzlich mit reinen ätherischen Ölen beduftet. Engel-Aura-Essenzen stärken, reinigen und schützen die feinstofflichen Körper des Menschen, werden aber auch in Wohnräumen, Therapieräumen, Krankenhäusern, Kindergärten und Schulen gerne verwendet.

Wie Engelessenzen und Engelöle wirken

Die in diesem Praxishandbuch dargestellten Engelessenzen und Engelöle wirken, indem sie

↘

Blockaden im grobstofflichen und feinstofflichen Körper lösen

↘

Chakren energetisieren und aktivieren

↘

belastende Emotionen aus unserer Aura und unseren Körperzellen löschen

↘

Verletzungen der Aura heilen

↘

einen energetischen Schutzmantel bilden

↘

die Energiefrequenz von Menschen erhöhen und

↘

Selbstheilungsprozesse einleiten.

Essenzen und Öle energetisieren alle Auraschichten von innen nach außen, Engel-Aura-Essenzen von außen nach innen. Eine ausführliche Darstellung, wie Engelsymbole und somit auch Engelessenzen, Engelöle und Engel-Aura-Essenzen in den Chakren und den einzelnen Auraschichten wirken, können Sie in meinem Buch „Heilen mit Engel-Therapie-Symbolen" nachlesen.

Das Besondere an Engelessenzen und Engelölen

Die vorliegenden Engelessenzen und Engelöle enthalten besonders hochschwingende, feinstoffliche Engelsenergien. Sie werden direkt von der Engelwelt in die Essenzen und Öle geleitet und enthalten keine Schwingungen von Pflanzen oder Steinen.

Während die meisten Blütenessenzen in den unteren Auraschichten wirken (ätherischer, emotionaler, mentaler und astraler Körper), erreichen die Engelessenzen und Engel-

öle auch die darüber liegenden Aura-Schichten (Ätherische Blaupause, Himmlischer Körper, Kausaler Körper und darüber hinaus). Das heißt, selbst wenn das zu bearbeitende Problem in höheren Aura-Schichten verankert ist, kann es von Engelessenzen / Engelölen aufgelöst werden.

Engelessenzen und Engelöle werden besonders gerne von sensitiven Menschen verwendet, die in ihrer persönlichen oder spirituellen Entwicklung vorankommen möchten sowie von hoch entwickelten Menschenseelen. Je „feinstofflicher" jemand ist, desto besser wird er die Wirkung dieser Engelessenzen / -öle spüren. Vor allem Neugeborene und Kinder, sogar Pflanzen und Tiere reagieren sehr gut auf diese Hilfsmittel.

Eine weitere Besonderheit ist, dass die Engelessenzen und Engelöle permanent von der Engelwelt energetisch nachgeladen werden. Mit den energetischen und feinstoff-

30 ml 30 ml

lichen Veränderungen, die in den nächsten Jahren zu erwarten sind, werden auch diese Engelessenzen und -öle schwingungsmäßig angehoben – „nachjustiert" könnte man sagen. Sollten diese Engelessenzen aber jemals manipulativ eingesetzt werden, würde die Engelenergie sofort abgezogen werden.

Anwendung

Engelessenzen werden

↘

auf die Mundschleimhäute,

↘

auf Nabel, Puls an den Handgelenken oder auf Fußsohlen getropft und sanft verrieben (empfehlenswert bei Babys, Kleinkindern und alkoholabhängigen bzw. kranken Menschen),

↘

in ein hochwertiges Massageöl,

↘

ins Badewasser

↘

oder ins Duftlämpchen gegeben.

Als Standarddosierung würde ich 2 x 5 Tropfen täglich empfehlen, im Akutfall halbstündlich 5 Tropfen nehmen (ähnlich wie Notfallstropfen).

 50 ml

Engelöle werden in erster Linie auf

↘

Herz- und Bauchbereich

↘

Chakren

↘

Meridiane

↘

Fußreflexzonen

↘

Organzonen

↘

verspannte Körperzonen etc. aufgetragen oder

↘

ins Badewasser getropft.

Sie können ab Seite 70 zu den Beschreibungen der Engelöle jeweils genau nachlesen, welche Bereiche sich besonders dafür eignen.

Im Allgemeinen genügt es, wenn Sie ein paar Tropfen am Körper auftragen. Ein Dispenser ermöglicht punktgenaues Auftragen und verhindert ein Verschütten bzw. Auslaufen des Öls. Wenn Sie großflächig arbeiten wollen, sei es bei einer Babymassage, Kindermassage, Klassischen Massage oder einfach eine großflächigere Körperzone behandeln möchten, dann verwenden Sie reines Jojobaöl.

Als Faustregel gilt: 100 ml Jojobaöl mit 35 Tropfen Engelöl vermengen und gut durchschütteln. Für Babymassagen verwenden Sie 100 ml Jojobaöl mit etwa 5 bis 10 Tropfen reinem Engelöl. Für all jene, die mit kinesiologischem Muskeltest, Pendel oder Biotensor vertraut sind, ein Tipp: Testen Sie das Mischungsverhältnis jedes Mal neu aus!

Sollten Sie auf bestimmte Massagen spezialisiert sein, wie z.B. auf Babymassagen, dann finden Sie unter den Ölen sicherlich genau die Ihrem Spe-

 100 ml 50 ml

zialgebiet entsprechenden Engelöle (siehe „Anwendungsbereiche der Engelessenzen und Engelöle", ab Seite 115). Oder Sie lesen Sie unter dem Kapitel „Die richtige Auswahl" ab Seite 129 nach.

Engel-Aura-Essenzen werden

↘

über dem Kopf

↘

in den feinstofflichen Körper, die Aura, gesprüht oder

↘

in Wohn-, Schlaf-, Therapie-, Meditations- oder Praxisräumen verwendet.

Wenn Sie Ihr Neugeborenes nicht direkt ansprühen möchten, dann verwenden Sie die Engel-Aura-Essenz im Kinderzimmer oder in dem Raum, in dem sich das Kind die meiste Zeit aufhält. Sie können die Aura-Essenz auch direkt auf die Babykleidung oder das Babybettchen sprühen.

Solange das Kind noch im Mutterleib ist, nimmt es die Energien der Engel-Aura-Essenzen über die Mutter auf. Diese sprüht sie dann über ihrem Kopf in ihre Aura oder direkt auf den „Babybauch".

↘ ↘

Wenn von einer Engelenergie Essenz als auch Öl erhältlich sind, sollte die (werdende) Mutter intuitiv entscheiden, ob sie lieber Essenz, Öl oder beides anwenden möchte.

Herstellung und Inhaltsstoffe

Engelsymbole, Engelessenzen und Engelöle werden in Handarbeit hergestellt, energetisch gereinigt, energetisiert und versiegelt. Der genaue Ablauf wurde auf medialem Weg von der Engelwelt empfangen.

↘ ↘

Engelessenzen enthalten Wasser und Alkohol, *Engel-Aura-Essenzen* neben Wasser und Alkohol noch zusätzlich reine ätherische Öle, und *Engel-Kombi-Öle* (kurz Engelöle genannt) werden aus reinem Jojobaöl hergestellt, das aus kontrolliertem, biologischen Anbau entstammt.

Die wichtigsten Engelessenzen und Engelöle für Schwangerschaft, Geburt und die Zeit danach

ALIEL

Engel-Kombi-Essenz und Engel-Kombi-Öl No. 35 | Abortus

Grundthema: Abortus-Ängste
Chakrenebene: Sexualchakra
Farbfrequenzen: lachs-orange
Körperliche Zuordnung: Abortus (auch: Schwangerschaftsabbruch)

Affirmation:
ICH BEWAHRE DAS LEBEN IN MIR.

Diese Engel-Kombi-Essenz / dieses Engel-Kombi-Öl ist in folgenden Situationen hilfreich:

Angst vor Abortus – Abortus nicht bewältigt haben – (un)bewusste Ablehnung des Kindes – (un)bewusste Ablehnung des Kindesvaters – (un)bewusste Partnerschaftsprobleme – (un)bewusste Angst vor Schwangerschaft und Geburt – von der eigenen Mutter übernommene Abortus-Ängste – „Erfolgszwang", nach Abortus wieder schwanger zu werden – Flucht des Kindes aus einer zu schwierigen Situation – einen erlittenen Abortus seelisch-mental aufarbeiten – die „Flucht" des Kindes akzeptieren lernen – Bereitschaft für neuerliche Schwangerschaft erhöhen.

Aber auch: mit Abtreibung nicht zurechtkommen – sich dafür verurteilen – von anderen dafür verurteilt werden – Angst vor neuerlicher Schwangerschaft – Angst, nie mehr schwanger werden zu können – Angst vor

„Strafe Gottes" (keine Sorge, die gibt es nicht!).

Besonderheit: Erstaunlich oft sind im Mutterleib Zwillinge ohne Wissen der Schwangeren angelegt, von denen aber nur einer zur Welt kommt. Es äußert sich meist darin, dass diese Menschen nicht so leben können, wie es eigentlich vorgesehen ist (Unzufriedenheit, Zerrissenheit, Abgeschlagenheit etc.). Auch angelegte Charaktereigenschaften oder Fähigkeiten können nicht ausgelebt werden. Manche beschreiben dieses Gefühl wie einen Schleier oder Schatten, der über ihnen liegt. Andere wiederum leben mit einem unerklärlichen Schuldgefühl, das sie nicht konkret zuordnen können oder leiden unter mangelnder Selbstliebe. Energetisch kann sich das äußern, indem ein Baby oder Kleinkind in einer Körperhälfte wenig oder keine Energie hat.

Hinweise auf Blockaden aus früheren Inkarnationen:

Abortus in einem früheren Leben selbst erfahren haben - Abortus miterlebt haben - Abtreibung betrieben haben - als „Engelmacherin" tätig gewesen sein - zur Abtreibung gezwungen worden sein - jemanden zur Abtreibung erpresst haben - ermordet worden sein - jemanden ermordet haben.

Anwendung des Engel-Kombi-Öls:
Ein paar Tropfen auf den Unterbauch, im Lendenwirbelbereich, in die Vertiefung unterhalb der äußeren Fußknöchel (Bl 62) oder auf die Unterseite der großen Zehe (Mitte) auftragen und sanft einmassieren.

Besonders wirkungsvoll in Kombination mit Engel-Aura-Essenz „Erzengel Uriel" (bei Abortus) bzw. „Erzengel Zadkiel" (bei Schwangerschaftsabbruch). In schwierigen Fällen mit Engel-Kombi-Essenz oder Engel-Kombi-Öl No. 25 | Cithael kombinieren.

ANIEL

Engel-Kombi-Essenz und Engel-Kombi-Öl No. 04 | Entgiften

Grundthema: Energetische, emotionale und chemische Belastungen
Chakrenebene: Herz-, Kehl- und Stirn-Chakra
Farbfrequenzen: weiß
Körperliche Zuordnung: Erkältung, Entgiftung, Entschlackung, Impfung

Affirmation:
ICH BEFREIE MICH VON ALLEM, WAS NICHT MEHR ZU MIR GEHÖRT.

Diese Engel-Kombi-Essenz / dieses Engel-Kombi-Öl ist in folgenden Situationen hilfreich:

Ausscheiden – Entgiften – Entschlacken – mit Umwelt(belastungen) nicht klar kommen – sich nicht wehren können – Stockendes (z. B. Erkältung) ins Fließen bringen – sich den notwendigen Raum verschaffen – bei energetischen, emotionalen und chemischen Belastungen.

Besonderheit: Impfstoffe kann man energetisch entschärfen, indem man sie auf die Symbolkarte No. 04 (Engel für Reinheit und Klarheit) oder auf die Engel-Therapie-Symbole No. 04 | Aniel legt, bevor sie injiziert werden. Hat man die Symbole nicht zur Verfügung, dann kann man das Kind nach der Impfung einige Wochen lang mit dem Engel-Kombi-Öl No. 04 einmassieren. Damit werden die energetischen Belastungen wieder ausgeschieden.

Hinweise auf Blockaden aus früheren Inkarnationen: Vergiftung – Verstrahlung

Anwendung des Engel-Kombi-Öls:
Vermischen Sie 100 ml reines Jojobaöl mit 5 bis 10 Tropfen Engelöl und massieren Sie das Baby großflächig am ganzen Körper ein. (Mindestens drei Wochen lang anwenden!)

Besonders wirkungsvoll in Kombination mit der Engel-Aura-Essenz „Energetische Abgrenzung" (vor der Impfung) bzw. „Energetische Reinigung" (nach der Impfung).

CITHAEL

Engel-Kombi-Essenz und Engel-Kombi-Öl No. 25 | Karma

Grundthema: Karmische Muster und Verstrickungen
Chakrenebene: Schulter-, Herzchakra, Solarplexus
Farbfrequenzen: magenta
Körperlich-energetische Zuordnung: Karma
Körperzone: linke Schulter, Herz, Magen

Affirmation:
ICH LEGE ALTE ROLLEN AB.

Diese Engel-Kombi-Essenz / dieses Engel-Kombi-Öl ist in folgenden Situationen hilfreich:

Schwierige Familienkonstellationen – Kind (un)bewusst ablehnen – erbliche Belastungen – Akzeptanz eines behinderten Kindes – Totgeburt – Fehlgeburt – Schuldgefühle – unangenehme Verhaltensmuster – aus Problemen nichts lernen – belastende Charaktereigenschaften – Probleme in der Partnerschaft / in der Herkunftsfamilie – Prinzipien und Dogmen – karmische Verstrickung – wiederkehrende Muster – belastende karmische Situationen erkennen und beenden.

Besonderheit: Diese Engel-Kombi-Essenz / das Engel-Kombi-Öl unterstützt alle Arten von Reinkarnationstherapie und ist hilfreich bei allen Problemen, die mit früheren Leben verknüpft sind. Essenz und Öl transformieren die Aura-Schicht, in der die karmischen Muster und Blockaden abgespeichert sind. Sowohl Essenz als auch Öl können in Kombination mit jeder anderen Engel-Essenz / Öl verwendet werden.

Durch die Anwendung von Essenz bzw. Öl wird die Energie von Karma-Engeln fokussiert. Dies dient auch als Vorbereitung, Verstärkung oder Nachbereitung von therapeutischen Behandlungen, kinesiologischen Balancen, Rückführungen, Rebirthing-Arbeit und Familien-Aufstellungen[17].

Anwendung des Engel-Kombi-Öls:
Ein paar Tropfen auf Herz- und Bauchbereich (Anwendung beim Kind) bzw. am Karma-Chakrenpunkt auf der linken Schulter, oberhalb des Nabels (= Solarplexus) und im Herzbereich (Anwendung bei Erwachsenen) auftragen und sanft einmassieren.

Besonders wirkungsvoll in Kombination mit Engel-Aura-Essenz „Baby & Kleinkind | Beruhigung" (für ein behindertes Kind) oder mit „Erzengel Zadkiel" (Angehörige eines behinderten Kindes oder nach Tot- oder Fehlgeburt).

[17] Energetische Therapiearbeit, begründet von Bert Hellinger

CURIEL

Engel-Kombi-Öl No. 33 | Operation, starke Schmerzen (Nur Öl, keine Essenz)

Grundthema: Seelische und körperliche Verletzungen
Chakrenebene: alle Chakren
Farbfrequenzen: blasslila
Körperliche Zuordnung: Operation, starke Schmerzen (z. B. Kaiserschnitt)
Körperzone: individuell

Affirmation:
ICH GLAUBE AN MEINE HEILUNG.

Diese Engel-Kombi-Essenz / dieses Engel-Kombi-Öl ist in folgenden Situationen hilfreich:

Angst vor Operation, Kürettage, Cerclage, Kaiserschnitt, etc. – unterstützt Heilungsverlauf nach Operation – Gleichgewicht bewahren – seelisch / mentale / energetische Vor- und Nachbereitung von Operationen – energetische Stabilisierung vor und nach Operation – Angst vor Operation mindern – Gelassenheit und Ruhe – Selbstheilungsprozess des Körpers aktivieren.

Hinweise auf Blockaden aus früheren Inkarnationen:

Schwere Geburt oder Operationen – an Operation gestorben – selber als Arzt / Kurpfuscher Operation verpfuscht haben – an schweren Schmerzen und Krankheiten gelitten haben – an schwerer Krankheit gestorben sein – unheilbare Krankheit – Operationen ohne Betäubung – Beschneidung – Verstümmelung.

Anwendung des Engel-Kombi-Öls:
Ein paar Tropfen auf den Bereich oberhalb des Nabels (= Solarplexus) auftragen und sanft einmassieren. Eventuell mit Jojobaöl strecken und großflächig anwenden. Nicht auf offene Wunden auftragen!

Besonders wirkungsvoll in Kombination mit Engel-Aura-Essenz „Energetische Abgrenzung" oder „Strahlungsschutz".

DORIEL

Engel-Kombi-Essenz und Engel-Kombi-Öl No. 22 | Ängste

Grundthema: Ängste aller Art
Chakrenebene: Solarplexus
Farbfrequenzen: gelborange
Körperliche Zuordnung: Ängste und depressive Verstimmungen
Körperzone: Magen

Affirmation:
ICH LASSE MEINE ÄNGSTE LOS.

Diese Engel-Kombi-Essenz / dieses Engel-Kombi-Öl ist in folgenden Situationen hilfreich:

Allgemeine Ängste in der Schwangerschaft - Angst, Kind zu verlieren - Angst vor Geburt - Angst, zu dick und zu hässlich zu werden - Angst, den Partner zu verlieren - Angst, unbeweglich zu werden - Angst, eine Krankheit zu bekommen - Angst, ein krankes Kind zur Welt zu bringen - Angst vor Fehl- oder Totgeburt - Angst um den Job - Überforderung - Abhängigkeit vom Partner - leichte Depressionen.

Hinweise auf Blockaden aus früheren Inkarnationen:

Schwere Geburt oder Operationen - während oder nach Geburt verstorben sein - selber als Arzt, Kurpfuscher oder Hebamme Geburt oder Operation verpfuscht haben - an schweren Schmerzen und Krankheiten gelitten haben - Operation oder Geburt ohne Betäubung erlebt haben - behindert zur

Welt gekommen sein – behindertes Kind geboren haben.

Anwendung des Engel-Kombi-Öls:
Ein paar Tropfen am Solarplexus (= oberhalb des Nabels) auftragen und sanft einmassieren.

Besonders wirkungsvoll in Kombination mit Engel-Aura-Essenz „Erzengel Michael".

LARIEL

Engel-Kombi-Essenz und Engel-Kombi-Öl No. 01 | Körperlicher Notfall

Grundthema: Körperlicher Notfall
Chakrenebene: alle
Farbfrequenzen: dunkelblau
Körperliche Zuordnung: Krisensituationen körperlicher Art
Körperzone: individuell

Affirmation:
ICH AKTIVIERE DIE SELBSTHEILUNGSKRÄFTE MEINES KÖRPERS.

Diese Engel-Kombi-Essenz / dieses Engel-Kombi-Öl ist in folgenden Situationen hilfreich:

Körperliche Erste Hilfe aller Art - Verspannungen - Sodbrennen - Angst und Panik in körperlichen Ausnahmezuständen - aus der inneren Mitte gefallen sein - Stagnation im Heilungsprozess - wiederkehrende Symptome mindern - Unterstützung bei Schwangerschaftskomplikationen - Selbstheilungsprozess anregen.

Hinweise auf Probleme, die aus früheren Inkarnationen stammen:

Körperliche Probleme - Krankheiten und Notfälle aller Art - Verbrennen - Ersticken - Ertrinken - zu Tode stürzen - Vergiftung - Unfälle - Knochenbrüche - Früh, Fehl- oder Totgeburt - Kindbettfieber.

Anwendung des Engel-Kombi-Öls:
Ein paar Tropfen auf Thymusdrüse, Bauch bzw. Brust auftragen und sanft einmassieren.

Besonders wirkungsvoll in Kombination mit Engel-Aura-Essenz „Erzengel Michael".

LORIEL

Engel-Kombi-Essenz und Engel-Kombi-Öl No. 43 | „Die 7 Nothelfer"

Grundthema: Stagnation, Notfälle aller Art
Chakrenebene: alle Chakren
Farbfrequenzen: diverse Farben
Körperliche Zuordnung: Therapieresistenz und Blockaden im Heilungsverlauf
Körperzone: diverse

Affirmation:
ICH LASSE HEILUNG ZU.

Diese Engel-Kombi-Essenz / dieses Engel-Kombi-Öl ist in folgenden Situationen hilfreich:

Nothelfer in jeglichen Situationen - Hilfe nicht annehmen - unbewusst nicht an Heilung / guten Heilungsverlauf glauben - in alten Verhaltensmustern stecken bleiben - innerliche Abwehrhaltung - alle Arten von Therapien ablehnen - stagnierender Heilungsprozess - Entwicklungsschritte - Therapieresistenz - Kraft und Stärke - Erdung - Zentrierung - Vergebung - Heilung - Neuorientierung - Schutz - Ausgeglichenheit.

Besonderheit: Wenn die Hebamme die Schwangere / Gebärende mit dem Öl einmassiert, nimmt sie über ihre Handflächen (Handchakren) die Engelenergien in ihre eigene Aura auf. In Notfällen oder kritischen Situationen bleibt durch die Wirkung dieses Engelöls auch die Hebamme ruhiger. Wenn die Hebamme lieber die Essenz verwendet und sie diese der

Schwangeren auf Zunge, Stirn, Nacken, Puls oder Bauch tropft, kann sie selbst ein paar Tropfen davon einnehmen. Auch für werdende Väter zur Beruhigung sehr gut geeignet!

Hinweise auf Probleme, die aus früheren Inkarnationen stammen:

Körperliche Probleme – Krankheiten und Notfälle aller Art – Früh-, Fehl- oder Totgeburt – Kindbettfieber – Tod bei Geburt oder im Wochenbett.

Anwendung des Engel-Kombi-Öls

bei Geburtskomplikationen:
Ein paar Tropfen auf den Unterbauch, im Lendenwirbelbereich, in die Vertiefung unterhalb der äußeren Fußknöchel (Bl 62) oder auf die Unterseite der großen Zehe (Mitte) auftragen und sanft einmassieren.

bei einer Cerclage:
Auf Herzbereich, auf Stirn und Nabelbereich.

Besonders wirkungsvoll in Kombination mit Engel-Aura-Essenz „Erzengel Michael".

Handchakren: In den Handinnenflächen liegen Chakren, über die Lebensenergie und Heilenergie aufgenommen wird.

MURIEL

Engel-Kombi-Essenz und Engel-Kombi-Öl No. 17 | Schwangerschaft

Grundthema: Schwangerschaft, Schwangerschaftsängste, Schwangerschaftsaufarbeitung
Chakrenebene: Sexual- und Wurzelchakra
Farbfrequenzen: rosa-weiß
Körperliche Ebene: Schwangerschaft
Körperzone: Bauch, Schambein, Kreuzbein, Solarplexus

Affirmation:
ICH GENIESSE DAS NEUE LEBEN (IN MIR).

Diese Engel-Kombi-Essenz / dieses Engel-Kombi-Öl ist in folgenden Situationen hilfreich:

FÜR DIE MUTTER: Fixierung auf Wunschkind loslassen - inkarnationsbereite Seelen einladen - Ängste der eigenen Mutter gespeichert haben - gewünschte Schwangerschaft und Lebensplan passen nicht zusammen - (un)bewusste Abwehr gegen den Kindesvater - schwierige Schwangerschaft und / oder Geburten (mit)erlebt haben - gesundheitlich angeschlagen sein - Risikoschwangerschaft - Angst, das Kind zu verlieren - Veränderungen des weiblichen Körpers / der eigenen Rolle / der Lebenssituation nicht annehmen können oder wollen - Hintergründe von Schwangerschaftsproblemen erkennen - späte Erstgebärende - sich einfach nur wohl fühlen und ausgeglichen sein - trotz körperlicher Probleme eine unkomplizierte Schwangerschaft erleben.

FÜR DAS KIND: Einladung an das

Kind – Abschied der Seele aus der feinstofflichen Welt – sich seines Karmas bewusst sein – sich mit den Eltern vertraut machen – sich auf das irdische Leben vorbereiten – den Eintritt in die Materie erleichtern – sich auf den Weg machen.

Besonderheit: Eine lichtvolle Unterstützung und Begleitung durch die Schwangerschaft – sehr positive Auswirkung auf Mutter und Kind – bereiten beide auf einen neuen Lebensabschnitt vor – Auflösung von Schwangerschaftsängsten sowie Ängsten, die die Mutter aus ihrer eigenen oder vorangegangenen Schwangerschaft mitbringt.

Hinweise auf Probleme, die aus früheren Inkarnationen stammen:

Bei Geburten gestorben sein – schwere Schwangerschaftsprobleme – Kind verhungert – Kind abgelehnt – Frau verstoßen – uneheliches Kind – als Hexe verbrannt – aus der Gesellschaft ausgeschlossen – getötet – viele Schwangerschaften – Krieg oder Hungersnot – Schwangerschaft trotz Gelübde – Kind weggenommen – Kind verkauft oder versklavt – Mord oder Tod während der Schwangerschaft – Schwangerschaftsvergiftung – Vergewaltigung – vom Kindesvater verlassen.

Anwendung des Engel-Kombi-Öls:
Ein paar Tropfen auf Thymusdrüse (= im Bereich des oberen Brustbeines), Bauch bzw. Brust auftragen und sanft einmassieren.

Besonders wirkungsvoll in Kombination mit Engel-Aura-Essenz „Erzengel Michael".

MYKAEL

Engel-Kombi-Essenz und Engel-Kombi-Öl No. 19 | Wochenbett und Stillen

Grundthema: Ängste nach der Geburt
Chakrenebene: Sexual- und Herzchakra, Solarplexus
Farbfrequenzen: türkis-weiß
Körperliche Ebene: Wochenbettprobleme, Stillen
Körperzone: Bauch, Schambein, Solarplexus

Affirmation:
ICH GENIESSE MEINE NEUE ROLLE (ALS MUTTER).

Diese Engel-Kombi-Essenz / dieses Engel-Kombi-Öl ist in folgenden Situationen hilfreich:

Angst, das Kind nicht richtig ernähren zu können - das Falsche zu essen - überhaupt alles falsch zu machen - total überfordert zu sein - den (Still)Rhythmus nicht zu finden - Angst haben, dass die Wohnung verkommt / die übrigen Kinder verhungern / der Mann fremdgeht / nie wieder schlank und attraktiv zu sein / nie wieder Spaß am Sex zu haben - Stillpsychose - sich vom Partner abhängig fühlen - sich der guten Ratschläge nicht erwehren - von der Frau zur Mutter zu werden - Selbstwert als Partnerin behalten - die Bedürfnisse des Babys besser zu erfühlen - nicht zur überbehütenden Mutter werden.

Hinweise auf Probleme, die aus früheren Inkarnationen stammen:

Im Wochenbett verlassen werden - Kind stirbt, ist unterernährt, krank, verhungert, trinkt nichts, stirbt an Darmverschluss – Mutter erkrankt – die anderen Kinder haben nichts zu essen – Schwäche und Krankheit von Mutter und Kind – Krieg oder Flucht – Kind wird weggenommen – Kindbettfieber – Mutter stirbt im Wochenbett.

Besonders wirkungsvoll in Kombination mit Engel-Aura-Essenz „Erzengel Uriel" (für Mutter) und „Baby & Kleinkind | Beruhigung" (für Kind).

NANAEL

Engel-Kombi-Essenz und Engel-Kombi-Öl No. 02 | Seelischer Notfall

Grundthema: Seelischer Notfall
Chakrenebene: Solarplexus
Farbfrequenzen: gelborange
Körperliche Zuordnung: Schock, Ohnmacht, Angst
Körperzone: Magen

Affirmation:
ICH KEHRE IN MEINE INNERE MITTE ZURÜCK.

Diese Engel-Kombi-Essenz / dieses Engel-Kombi-Öl ist in folgenden Situationen hilfreich:

Angst-, Schreck- und Schocksituationen in der Schwangerschaft – für „schwangere Paare" – nach Frühgeburt – Probleme während Geburt, im Wochenbett und der Zeit danach – Geburtstrauma der Mutter auflösen – Angst vor unangenehmen Situationen verringern – Seele nach Schock in den Körper wieder einfädeln (siehe auch „Narkose") – sich nach Schreck-oder Schocksituationen wieder beruhigen – bei seelischer Belastung durch Krankheit, Todesfall – bei seelischer Instabilität – Hysterie.

Hinweise auf Probleme, die aus früheren Inkarnationen stammen:

Schwere Schwangerschaftsprobleme – Tod von Mutter und / oder Kind bei Geburt – Kind stirbt, ist unternährt, krank, verhungert, trinkt nichts, stirbt an Darmverschluss – Kind abgelehnt – Frau verstoßen – uneheliches Kind – aus der Gesellschaft ausgeschlossen – getötet – viele Schwangerschaften – Krieg oder Hungersnot – Schwangerschaft trotz Gelübde – Kind weggenommen, verkauft oder versklavt – Mord oder Tod während der Schwangerschaft – Schwangerschaftsvergiftung – Vergewaltigung – vom Kindesvater verlassen – Wochenbett – die übrigen Kinder haben nichts zu essen – Schwäche und Krankheit von Mutter und Kind.

Anwendung des Engel-Kombi-Öls:
Oberhalb des Nabels (= Solarplexus) auftropfen und sanft und großflächig einmassieren.

Für Partnermassagen: Vermischen Sie 100 ml reines Jojobaöl mit 35 Tropfen Engelöl und massieren Sie dieses großflächig am Körper ein. Auch für werdende Väter bestens geeignet!

Für „schwangere Paare" ist das Öl besonders wirkungsvoll in Kombination mit Engel-Essenz No. 20 „Engel für Liebe und Beziehungen" und Engel-Aura-Essenz „Erzengel Chamuel".

NIRAEL

Engel-Kombi-Essenz und Engel-Kombi-Öl No. 56 | Sexualität

Grundthema: Verletzungen in der Sexualität
Chakrenebene: Sexual- und Herzchakra
Farbfrequenzen: lachsfarben
Körperliche Zuordnung: weibliche Sexualität
Körperzone: Schambein, Herz

Affirmation:
ICH LASSE MEINE VERLETZUNGEN LOS.

Diese Engel-Kombi-Essenz / dieses Engel-Kombi-Öl ist in folgenden Situationen hilfreich:

Allgemeine Probleme mit der Sexualität - von der Partnerin zur Mutter werden - Angst, als Frau nach der Geburt sexuell nicht mehr attraktiv zu sein - mit den körperlichen Veränderungen nicht zurechtkommen - Angst vor Sexualität in der Schwangerschaft - von Eltern übernommene negative Einstellung zu Sexualität - sexuelle Hörigkeit - sich sexuell benützen lassen - Sexualität mit Liebe verwechseln - (un)bewusste Probleme in der Partnerschaft - Schwangerschaft durch Vergewaltigung.

Hinweise auf Probleme, die aus früheren Inkarnationen stammen:

Vergewaltigung - während Schwangerschaft / nach Geburt verlassen worden - Treuebruch des Partners - Polygamie in früheren Kulturen - Frau als Sexobjekt - Stellenwert der

Frau in anderen oder früheren Kulturen – Prostitution – sich verkaufen, um zu überleben (eventuell mit Kind).

Anwendung des Engel-Kombi-Öls:
Ein paar Tropfen eine Handbreite oberhalb des Nabels oder am Unterbauch auftragen und sanft einmassieren. Eventuell mit reinem Jojobaöl strecken und großflächig anwenden).

Besonders wirkungsvoll in Kombination mit Engel-Aura-Essenz „Erzengel Chamuel".

NORAEL

Engel-Kombi-Öl No. 26 | „Baby-Notfall-Öl" und Engel-Aura-Essenz „Baby & Kleinkind | Beruhigung" (siehe auch Seite 108)

Grundthema: Schock- und Angstsituationen von Neugeborenen, Babys und Kleinkindern
Chakrenebene: alle
Farbfrequenzen: magenta
Körperliche Zuordnung: Notfälle körperlicher und seelischer Art
Körperzone: Solarplexus, Herz

Affirmation:
ICH NEHME DAS LEBEN AN.

Dieses Engel-Kombi-Öl / diese Engel-Aura-Essenz ist in folgenden Situationen hilfreich:

Schocks aus Schwangerschaft (z. B. Gedanken an Abtreibung; Sturz, Krankheit, Fehldiagnose) - Kaiserschnitt - Zangen- oder Saugglockengeburt - schwierige und lang dauernde Geburten - Steißlage - Querlage - Atemstillstand - Herzstillstand - für behinderte Kinder - sich dem irdischen Leben nicht anpassen können oder wollen - bei Fremdenergien[18] - sich unverstanden, nicht geborgen, abgelehnt oder ungeliebt fühlen - in die Geistige Welt oder in den Bauch der Mutter zurück wollen - schwache, kränkelnde Kinder - bei Schlafproblemen - Schreibabys - aber auch für therapeutische Arbeit mit Erwachsenen, deren Probleme aus der Zeit von Schwangerschaft und Geburt herrühren.

Für Babymassagen: nach schwierigem oder traumatischem Schwangerschafts- und / oder Geburtsverlauf oder Frühgeburt. Wenn die Mutter

[18] Siehe Seite 167: „Besetzungen, Fremdenergien"

das Kind mit dem Öl einmassiert, nimmt sie über ihre Handflächen (Handchakren[19]) die Engelsenergien in ihre eigene Aura auf. Diese Anwendung löst auch Belastungen auf, die in der Aura der Mutter abgespeichert sind.

Hinweise auf Probleme, die aus früheren Inkarnationen stammen:

Schwangerschafts- und Geburtskomplikationen – Fehlgeburt – Totgeburt – Tod der Mutter – verhungert – verkauft – ermordet – verschenkt – verstümmelt – in den ersten Wochen oder Monaten verstorben.

Anwendung des Engel-Kombi-Öls:
Vermischen Sie 100 ml reines Jojoba-Öl mit 5-10 Tropfen des Engel-Kombi-Öls und tragen Sie es auf Herz- und Bauchbereich oder oberhalb des Nabels (=Solarplexus) und auf den Fußsohlen sowie am Puls der Handgelenke auf und massieren Sie es sanft ein.

Besonders wirkungsvoll in Kombination mit Engel-Aura-Essenz „Baby & Kleinkind | Beruhigung" bzw. mit „Energetische Reinigung" (bei Schreibabys, die möglicherweise mehr sehen als Erwachsene – siehe auch Kapitel „Kinder sehen Engel, und nicht nur diese ..." aus dem Buch „Engelsymbole für Kinder". Auer, Ingrid. Güllesheim 2004).

---

[19] Auf den Handinnenflächen liegen Chakren, über die Lebensenergie und Heilenergie aufgenommen werden kann.

RAKAEL

Engel-Kombi-Öl No. 20 | Neugeborene
(Nur Öl, keine Essenz)

Grundthema: Start ins neue Leben
Chakrenebene: alle Chakren
Farbfrequenzen: zartrosa
Körperliche Zuordnung: Neugeborene
Körperzone: Herz, Solarplexus

Affirmation:
ICH BEJAHE DAS LEBEN.

Diese Engel-Kombi-Essenz / dieses Engel-Kombi-Öl ist in folgenden Situationen hilfreich:

Übergang von der Geistigen in feinstoffliche Welt – seinen Platz in der Familie finden – Angst vor dem Leben – Angst vor der Zukunft – Abschied aus der Geistigen Welt – das neue Leben akzeptieren – nicht der Vergangenheit nachtrauern – Angst vor Schmerzen, unangenehmen Energien, Neuem, Unbekanntem – sich von der Geburt erholen – Geburtsstress aufarbeiten – richtig ankommen – in einem irdischen Körper zu Hause sein – Umstellungsprobleme.

Für Babymassagen: nach normalem, unkompliziertem Schwangerschafts- und / oder Geburtsverlauf verwenden. Auch leichte Geburtskomplikationen werden damit aufgelöst.

Hinweise auf Probleme, die aus früheren Inkarnationen stammen:

Unter schwierigen sozialen oder gesundheitlichen Umständen zur Welt gekommen sein – Angst vor dem Leben – Ablehnung von Mutter, Vater oder Familie – nicht mit dem erhofften Geschlecht ausgestattet sein – eine schwere Bürde tragen müssen – nicht bei den leiblichen Eltern aufwachsen.

Anwendung des Engel-Kombi-Öls:
Vermischen Sie 100 ml reines Jojoba-Öl mit 5-10 Tropfen des Engel-Kombi-Öls und tragen Sie es auf Herz- und Bauchbereich oder oberhalb des Nabels (=Solarplexus) und auf den Fußsohlen sowie am Puls der Handgelenke auf und massieren Sie es sanft ein.

Besonders wirkungsvoll in Kombination mit Engel-Aura-Essenz „Baby & Kleinkind | Beruhigung".

RIHAEL

Engel-Kombi-Essenz und Engel-Kombi-Öl No. 15 | Hormone

Grundthema: Weiblichkeit und deren Verletzungen
Chakrenebene: Sexual- und Wurzel-Chakra
Farbfrequenzen: lachsfarben
Körperliche Zuordnung: Weibliche Sexualhormone
Körperzone: Unterbauch

Affirmation:
ICH GENIESSE MEINE WEIBLICHKEIT.

Diese Engel-Kombi-Essenz / dieses Engel-Kombi-Öl ist in folgenden Situationen hilfreich:

Kind anstatt Frau sein wollen - nicht aufgelöste Schocks - sich nicht berühren lassen wollen - niemanden zu nahe kommen lassen - Angst vor Schwangerschaft - seinen eigenen Körper annehmen und lieben - Freude am Frausein - seelische Verletzungen in sexuellen Bereichen auflösen.

Hinweise auf Probleme, die aus früheren Inkarnationen stammen:

Nicht der männliche Nachfolger gewesen sein, der erwartet wurde - zahlreiche Schwangerschaften und Geburten durchlebt haben - soziale Benachteiligung als Frau - Vergewaltigung - Zwangsheirat - als Nonne gelebt - sich dem Leben entsagt / entzogen haben.

Anwendung des Engel-Kombi-Öls:
Ein paar Tropfen auf den Unterbauch auftragen und sanft einmassieren.

Besonders wirkungsvoll in Kombination mit Engel-Aura-Essenz „Erzengel Chamuel".

RILAEL

Engel-Kombi-Essenz und Engel-Kombi-Öl No. 60 | Gelbsucht

Grundthema: Neugeborenen-Gelbsucht
Chakrenebene: Sexual- und Wurzel-Chakra
Farbfrequenzen: dunkelblau
Körperliche Zuordnung: Leber
Körperzone: Unterbauch

Affirmation:
ICH NEHME DAS LEBEN AN, SO WIE ES KOMMT.

Diese Engel-Kombi-Essenz / dieses Engel-Kombi-Öl ist in folgenden Situationen hilfreich:

Trennung von der Mutter - Zweifel an der eigenen Entscheidung, wieder inkarniert zu sein - Unzufriedenheit - Verzweiflung - Ärger - nicht 100%ig hier sein wollen - Leben als Bürde betrachten - Ängste und Sorgen aus früheren Inkarnationen mitbringen - zögerliches Zurücklassen der Geistigen Welt.

Hinweise auf Probleme, die aus früheren Inkarnationen stammen:

Krankheit (bes. Erkrankungen der Leber) - Entscheidungsschwäche - Unsicherheit - Ärger - Groll - Verzweiflung - Wut - Trauer - Aggressionen

Anwendung des Engel-Kombi-Öls:
Im Bauchbereich ein paar Tropfen auftragen und sanft einmassieren.

Besonders wirkungsvoll in Kombination mit Engel-Aura-Essenz „Baby & Kleinkind | Beruhigung".

ROSAEL

Engel-Kombi-Essenz und Engel-Kombi-Öl No. 16 | Menstruation

Grundthema: Angst vor dem weiblichen Körper und / oder Angst vor der weiblichen Kraft
Chakrenebene: Sexual- und Wurzel-Chakra
Farbfrequenzen: dunkelrot
Körperliche Zuordnung: Menstruation
Körperzone: Unterbauch

Affirmation:
ICH GENIESSE ES, FRAU ZU SEIN.

Diese Engel-Kombi-Essenz / dieses Engel-Kombi-Öl ist in folgenden Situationen hilfreich:

Angst vor (zu) weiblichen Attributen - Angst vor Schwangerschaft - zu seinen Gefühlen nicht stehen - sexuelle Verletzungen - karmische Belastungen - seelische Verletzungen im Frausein auflösen - Frausein entdecken und genießen - sich seiner Kraft als Frau bewusst werden.

Hinweise auf Probleme, die aus früheren Inkarnationen stammen:

Nicht der männliche Nachfolger gewesen, der erwartet wurde - zahlreiche Schwangerschaften und Geburten durchlebt haben - soziale Benachteiligung als Frau - Vergewaltigung - Zwangsheirat - als Nonne gelebt haben - sich dem Leben entsagt / entzogen haben - an starkem Blutverlust gestorben sein.

Anwendung des Engel-Kombi-Öls:
Ein paar Tropfen auf den Unterbauch auftragen und sanft einmassieren.

Besonders wirkungsvoll in Kombination mit Engel-Aura-Essenz „Erzengel Chamuel".

SORIHAEL

Engel-Kombi-Essenz und Engel-Kombi-Öl No. 32 | Narkose

Grundthema: Ausgeliefert-Sein
Chakrenebene: Solarplexus
Farbfrequenzen: orange-gold
Körperliche Zuordnung: Belastungen durch Narkose
Körperzone: Lymphe, Solarplexus

Affirmation:
ICH VERTRAUE ANDEREN UND LASSE MICH FALLEN.

Diese Engel-Kombi-Essenz / dieses Engel-Kombi-Öl ist in folgenden Situationen hilfreich:

Emotionale Ablehnung von Narkose – Angst vor Narkose und deren möglichen Auswirkung – Angst, nicht mehr aufzuwachen – Angst, die Kontrolle abzugeben / sich anderen auszuliefern – die Seele wieder ganz in den Körper einzufädeln – Aura entgiften – Körper wird während Narkose von eigenen Engeln bewacht (damit es zu keinen Besetzungen[20] kommt).

Hinweise auf Probleme, die aus früheren Inkarnationen stammen:

Todeserfahrung – Vergiftung – Ersticken – lebendig begraben – anderen ausgeliefert – verurteilt – über Tod und Leben entschieden – von Narkose nicht mehr aufgewacht – schwere Narkoseschäden – mit Chloroform vergiftet – nicht mehr in den Körper zurückgefunden haben – Todeskampf – jemand anderen getötet haben.

[20] Siehe Seite 167: „Besetzungen, Fremdenergien"

Anwendung des Engel-Kombi-Öls:
Ein paar Tropfen im Bereich oberhalb des Nabels (= Solarplexus) auftragen und sanft einmassieren. Eventuell mit Jojobaöl strecken und großflächig anwenden.

Besonders wirkungsvoll in Kombination mit Engel-Aura-Essenz „Energetische Abgrenzung".

VANIEL

Engel-Kombi-Essenz und Engel-Kombi-Öl No. 18 | Geburt

Grundthema: Geburtsaufarbeitung
Chakrenebene: Sexual- und Wurzelchakra
Farbfrequenzen: lachsfarben
Körperliche Ebene: Geburt – Geboren werden
Körperzone: Bauch, Schambein, Kreuzbein, Solarplexus

Affirmation:
ICH SAGE „JA" ZU MEINEM LEBEN.

Dieses Engel-Kombi-Öl ist in folgenden Situationen hilfreich:

Erleichterung des Geburtsvorganges – Linderung von Geburtsängsten bei Mutter und Kind – Aufarbeitung der Geburt (einige Zeit nach der Geburt noch anzuwenden) – Aufarbeitung der Geburtsängste, die man selbst während seiner eigenen Geburt erfahren hat.

Hinweise auf Probleme, die aus früheren Inkarnationen stammen:

Schwangerschafts- und Geburtskomplikationen – Fehlgeburt – Totgeburt – Tod der Mutter – Kind verhungert / ermordet / verschenkt / verstümmelt / weggenommen / verkauft / versklavt – in den ersten Wochen oder Monaten verstorben – Kind abgelehnt – Frau verstoßen – uneheliches Kind – aus der Gesellschaft ausgeschlossen – getötet – viele Schwangerschaften durchgemacht – Krieg oder Hungersnot – Vergewaltigung – vom Kindesvater verlassen.

Anwendung des Engel-Kombi-Öls:
Ein paar Tropfen unmittelbar vor bzw. während der Geburt im Bauchbereich, auf der Michaelischen Raute (die beiden „Grübchen" am Rücken im Beckenbereich) bzw. im Lendenwirbelbereich auftragen und sanft einmassieren.

Besonders wirkungsvoll in Kombination mit Engel-Aura-Essenz „Erzengel Michael".

YERATHEL

**Engel-Kombi-Öl No. 21 | Neugeborenen-Koliken
(Nur Öl, keine Essenz)**

Grundthema: „Das Leben verdauen"
Chakrenebene: Solarplexus
Farbfrequenzen: fliederfarben
Körperliche Zuordnung: Neugeborenen-Koliken
Körperzone: Solarplexus

Affirmation:
ICH NEHME NEUE ERFAHRUNGEN AN.

Dieses Engel-Kombi-Öl ist in folgenden Situationen hilfreich:

Angst, dem Leben nicht gerecht zu werden – Anforderungen / Rhythmus der Eltern nicht entsprechen können / sich der neuen Umgebung schwer anpassen – neue Eindrücke nicht verdauen – den eigenen Rhythmus nicht finden – Umstellung von der feinstofflichen in die grobstoffliche Welt nicht bewältigen – Probleme der Mutter nicht verdauen – Nahrungsmittel (der Mutter) nicht vertragen – Kontakt und Zuwendungswunsch des Kindes wird als Hunger interpretiert – oft auch Hinweis auf Fremdenergien.

Besonderheit in der Anwendung: Stillende Mütter können ihr Kind unterstützen, indem sie die Engel-Kombi-Essenz oder das Engel-Kombi-Öl Nr. 10 | Nithael (Nahrungsunverträglichkeiten) oder die Engel-Kombi-Essenz No. 39 | Raniel (Entspannung) an sich selbst anwenden!

Hinweise auf Probleme, die aus früheren Inkarnationen stammen:

Verhungern – verdursten – an Verstopfung oder Darmverschluss verstorben – Mutter an Kindbettfieber verstorben – als Neugeborenes verstorben.

Anwendung des Engel-Kombi-Öls:

FÜR DIE MUTTER: Ein paar Tropfen auf Stirn, Herz und Solarplexus (= Bereich oberhalb des Nabels) auftragen und sanft einmassieren.

FÜR DAS KIND: Ein paar Tropfen auf den Bauch des Babys auftragen und sehr sanft einmassieren.

Mehrmals täglich verwenden.

Besonders wirkungsvoll in Kombination mit Engel-Aura-Essenz „Erzengel Michael" (für das Kind) bzw. „Baby & Kleinkind | Beruhigung" (für die Mutter).

Engel-Aura-Essenzen

Engel-Aura-Essenz „Baby & Kleinkind | Beruhigung"

Diese Baby- und Kleinkinder-Essenz stärkt und reinigt die Aura von Babys und Kleinkindern und schützt sie vor energetischen Belastungen. Sie bringt Ruhe, Frieden und Geborgenheit und wird auch bei Schlafproblemen gerne verwendet. Besonders nach der Geburt, im Krankheitsfall oder vor/nach Operationen zeigt sie beruhigende Wirkung.

Hilfreich für: Begleitung durch die letzten beiden Schwangerschaftsmonate (Geburtsvorbereitung für das Kind, 8. und 9. SM) – unmittelbar nach der Geburt und in den ersten Lebenstagen – ermöglicht der Seele, „sanfter auf der Erde zu landen" – Ängste, Trauma und Schocks von Ungeborenen, Neugeborenen und Babys werden transformiert – schwere Geburtstraumata werden aufgelöst – Unterstützung bei Neugeborenen-Gelbsucht, bei Krankheit und / oder Operation – Schreibabys – Stillprobleme.

Affirmation:
ICH NEHME DAS LEBEN AN.

Engel-Aura-Essenz „Energetische Abgrenzung"

Diese Aura-Essenz schützt unsere feinstofflichen Körper vor Energieverlust durch Mitmenschen. Sie verringert die Bereitschaft, sich energetisch schwächen zu lassen bzw. sich Probleme von anderen aufzubürden. Füllt energetische Lücken wieder auf und festigt die Aura.

Hilfreich für: Energetische Abgrenzung – Operation – Narkose

Affirmation:
ICH BIN GESCHÜTZT VOR ENERGIEVERLUSTEN / ENERGETISCHEN BELASTUNGEN DURCH MITMENSCHEN.

Engel-Aura-Essenz „Energetische Reinigung"

Diese Aura-Essenz reinigt die feinstofflichen Körper und Chakren von anhaftenden Fremdenergien und energetischen Belastungen. Sie verringert die Bereitschaft, erdgebundene Seelen anzuziehen und von diesen energetisch geschwächt zu werden.

Hilfreich für: Energetische Raumreinigung – Babysachen reinigen – Aura nach Krankenhausaufenthalt oder Narkose reinigen – nach Impfungen.

Affirmation: ICH BIN GESCHÜTZT VOR FREMDENERGIEN ALLER ART.

Besonderheit: Baut einen Lichtkanal auf, über den vorhandene Fremdenergien und anhaftende Seelen ins Licht geleitet werden. Für die Reinigung von Therapie- und Wohnräumen, Spielsachen und Kleidungsstücken, die von anderen (Kindern) übernommen wurden, und die Gesamtreinigung der Aura am Abend.

Engel-Aura-Essenz „Engelmeditation"

Diese Engel-Aura-Essenz klärt und reinigt Aura und Raum vor Meditationen und erfüllt diese mit Licht und Engelsenergien. Sie hilft, von Alltagsproblemen loszulassen und bringt Ruhe, Schutz und Geborgenheit während der Meditation. Sie erleichtert den Kontakt zur Engelwelt, vertieft ihn und lässt die Engelsenergien deutlicher fühlen.

Hilfreich für: Entspannung und Kontaktaufnahme mit der Engelwelt - Meditationen.

Affirmation:
ICH LASSE MICH AUF DIE ENGELWELT EIN.

Engel-Aura-Essenz „Erzengel Chamuel"

Diese Erzengel-Aura-Essenz hilft seelische Verletzungen zu heilen sowie Liebe und Nähe zuzulassen und zu genießen. Durch sie können alle zwischenmenschlichen Begegnungen harmonischer werden, sei es in der Partnerschaft, in der Familie, in der Schule oder im Job.

Hilfreich bei: Hormonproblemen (Unterstützung auf der seelisch/mentalen Eben) - für „Schwangere Paare" - bei sexuelle Verletzungen.

Affirmation:
MIT DEINER HILFE LERNE ICH BEDINGUNGSLOS ZU LIEBEN.

Auch für eine sanfte Öffnung des Herz-Chakras, Heilung seelischer Verletzungen, Arbeit mit dem Inneren Kind sowie alle Formen von Paar-Therapien.

Engel-Aura-Essenz „Erzengel Gabriel"

Diese Erzengel-Aura-Essenz unterstützt die Klärung und Reinigung auf geistiger und körperlicher Ebene und bringt Licht und neue Energien in unser Leben. Sie unterstützt seelische, körperliche und energetische Reinigungsprozesse.

Hilfreich bei: Kinderwunsch – Impfungen

Affirmation:
MIT DEINER HILFE GELANGE ICH ZU KLARHEIT.

Engel-Aura-Essenz „Erzengel Michael"

Diese Erzengel-Aura-Essenz begleitet und stärkt in allen schwierigen Lebenslagen und bringt Ruhe, Frieden und Geborgenheit. Sie schützt und begleitet während Schwangerschaft und Geburt und beruhigt in stressigen Situationen.

Hilfreich bei: Schwangerschaftskomplikationen – Angst vor Tot- oder Fehlgeburt – Cerclage – während der Geburt – bei Geburtskomplikation.

Affirmation:
MIT DEINER HILFE BIN ICH AUF ALLEN EBENEN GESCHÜTZT.

Engel-Aura-Essenz „Erzengel Raphael"

Diese Erzengel-Aura-Essenz unterstützt alle körperlichen und seelischen Heilungsprozesse und schenkt neue Lebensimpulse. Sie fördert den Selbstheilungsprozess des Körpers und befreit von Gefühlsdefiziten und emotionalen Begrenzungen.

Hilfreich bei: Krankheit – Operation

Affirmation:
MIT DEINER HILFE WERDE ICH HEIL AN KÖRPER, GEIST UND SEELE.

Für Eltern, Hebammen, Helfer und Heiler, Ärzte und Therapeuten, Krankenschwestern – auch für Ordination und Therapieraum.

Engel-Aura-Essenz „Erzengel Uriel"

Diese Erzengel-Aura-Essenz stärkt in Zeiten der Kraft- und Mutlosigkeit, bringt Energie und Optimismus und unterstützt die Umsetzung unserer Vorhaben. Sie hilft uns, uns zu erden und den Stürmen des Lebens zu trotzen.

Hilfreich bei: Abortus – Kaiserschnitt – Operation – schwieriger Entbindung – Energieverlust – Geburtstrauma der Mutter- Regeneration nach Geburt – Still-Ängsten.

Affirmation:
MIT DEINER HILFE LASSE ICH FREUDE IN MEIN LEBEN.

Auch für Regeneration nach Krankheit, nach Meditation zur Erdung, gegen Jetlag.

Engel-Aura-Essenz „Erzengel Zadkiel"

Diese Erzengel-Aura-Essenz stärkt und hilft in Zeiten großer Veränderungen und Umwälzungen und unterstützt Loslassen und Neubeginn. Sie hilft, seelischen Kummer und Schmerz leichter zu verarbeiten, Trauer aufzulösen bzw. zu verzeihen.

Hilfreich bei: Bewältigung von körperlicher Behinderung – Frühgeburt – Schwangerschaftsabbruch – nach Totgeburt, Fehlgeburt.

Affirmation:
MIT DEINER HILFE VERGEBE UND ERLÖSE ICH.

Auch für Reinkarnationstherapie und Rebirthing.

Engel-Aura-Essenz „Strahlungsschutz"

Diese Aura-Essenz schützt den feinstofflichen Körper vor negativen Belastungen durch Satelliteneinstrahlung, kosmischen Einstrahlungen, Umweltbelastungen, geringen radioaktiven Strahlungen, Computerstrahlungen und Strahlungen von sonstigen technischen Geräten.

Hilfreich bei: Schwangerschaftsuntersuchungen – Computerarbeit während Schwangerschaft – während einer Narkose (eventuell mit Engel-Aura-Essenz „Energetische Abgrenzung" kombinieren).

Affirmation:
ICH BIN VOR ÄUSSEREN EINFLÜSSEN GESCHÜTZT.

Tabellarischer Überblick über die wichtigsten Essenzen und Öle

Engel-Kombi-Essenzen / Engel-Kombi-Öle

ANIEL	Entgiftung, Entschlackung, Impfung
ALIEL	Abortus, Abtreibung
CITHAEL	Karma
CURIEL	Kaiserschnitt, Operation
DORIEL	Ängste
LARIEL	Körperlicher Notfall
LORIEL	„Die 7 Nothelfer"
MURIEL	Schwangerschaft
MYKAEL	Wochenbett, Stillen
NANAEL	Seelischer Notfall
NIRAEL	Sexualität
NORAEL	Baby & Kleinkind-Notfall
RAKAEL	Neugeborene
RIHAEL	Hormone
RILAEL	Gelbsucht
ROSAEL	Menstruation
SORIHAEL	Narkose
VANIEL	Geburt
YERATHEL	Koliken

Engel-Aura-Essenzen

Baby und Kleinkind-Beruhigung	Schutz, Begleitung, Notfall
Energetische Abgrenzung	Narkose, Impfung
Energetische Reinigung	Narkose, Impfung, Raumreinigung
Engelmeditation	Engelkontakt, Entspannung
Erzengel Chamuel	Partnerschaft, Herzensenergie
Erzengel Gabriel	Empfängnis, Reinigung
Erzengel Michael	Schutz, Geborgenheit
Erzengel Raphael	Heilung
Erzengel Uriel	Kraft, Regeneration
Erzengel Zadkiel	Karma, Trauerarbeit
Strahlungsschutz	Narkose, Impfung, technische Untersuchung

Anwendungsbereiche der Engelessenzen und Engelöle

Abortus:

Bei einem drohenden Abortus lindert diese Engelessenz bzw. dieses Engelöl die Angst vor einer möglichen Fehlgeburt. Sie beruhigen und stabilisieren auf der mentalen Ebene. Dadurch wird eine optimistische, positive Grundhaltung aufgebaut.

Nach einem bereits erlittenen Abortus mindern sie den „Erfolgszwang", wieder schwanger zu werden. Dieser Zwang ist meist subtil und den Frauen nicht bewusst. Oftmals ist es auch die (unausgesprochene) Erwartungshaltung ihres Umfeldes, die Frauen unter Druck setzt. Oder sie meinen, als Frau versagt zu haben.

Nach einem Abortus, der erst kurz zurückliegt, erfolgt durch die Verwendung der Engelessenz / des Engelöls eine tief greifende Unterstützung in der Bewältigung dieses Schicksalsschlages. Schocks auf der feinstofflichen Ebene, die sich in Aura und Chakren festgesetzt haben, werden aufgelöst und in positive Energien transformiert. Verletzungen auf mentaler, seelischer, geistiger und karmischer Ebene verschwinden und unterstützen dadurch eine raschere Genesung auf der körperlichen Ebene.

Für Therapeuten: Zur Unterstützung für Alternativmediziner, Hebammen, Psychotherapeuten, Heilpraktiker, Kinesiologen, Reinkarnations-Therapeuten, Energetiker u.a. bieten Essenzen und Öle eine unverzichtbare Hilfestellung ihrer Klienten für zu Hause.

Engel-Kombi-Essenz oder Engel-Kombi-Öl No. 35 | Aliel und Engel-Aura-Essenz „Erzengel Uriel"

Literaturempfehlung: Jennins, James: George. Die Biographie eines Engels. München 1996

Babymassagen:

Diese gewinnen noch mehr an

Qualität, wenn man dafür Engelöle verwendet. Sie gewinnt an Wirkung, da über das Engelöl dem Kind spirituell-feinstoffliche Energien zugeführt werden. So wird der Übertritt der Seele von der feinstofflichen in die irdische Ebene unterstützt, aus früheren Inkarnationen mitgebrachte Blockaden und Ängste werden sanft aufgelöst und bessere Startbedingungen für das bevorstehende Leben geschaffen. Auch karmische Belastungen dürfen gelöst werden, soweit es für die Kinderseele und ihre Lernaufgaben in Ordnung ist. Ein angenehmer Nebeneffekt ist, dass die Mutter, die das Öl mit ihren Handflächen sanft einmassiert, die Engelenergien über ihre Handchakren (Handinnenseite) in ihre Aura, ihren feinstofflichen Körper aufnimmt. Dadurch wird sie quasi „mitbehandelt". Das heißt, Ängste und Unsicherheiten werden sanft mit aufgelöst.

Engel-Kombi-Öl No. 20 | Rakael und Engel-Aura-Essenz „Baby & Kleinkind | Beruhigung: werden nach einer unkomplizierter Schwangerschaft und / oder Geburt verwendet.

Engel-Kombi-Öl No. 26 | Norael und Engel-Aura-Essenz „Baby & Kleinkind | Beruhigung": werden nach Schwangerschaftskomplikationen und / oder Geburtskomplikationen verwendet.

Behinderte Kinder:

Sie sind meist hoch entwickelte Seelen, die oft freiwillig einen behinderten Körper angenommen haben. Sie geben durch ihre Behinderung ihren Eltern, ihrem sozialen Umfeld und sich selbst die Chance, sich auf der Persönlichkeitsebene und der spirituellen Ebene weiterzuentwickeln. In jedem Fall spielt die Karma-Ebene eine wesentliche Rolle.

Engel-Kombi-Öl No. 25 | Cithael und Engel-Aura-Essenz „Baby & Kleinkind | Beruhigung" (für das Kind), Engel-Kombi-Essenz No. 25 | Cithael und Engel-Aura-Essenz „Erzengel Zadkiel" (für Mutter / Eltern).

Literaturempfehlung: Kennst du deinen Engel, Benjamin Klein, Ravensburg 1993

Cerclage:

Engelessenz und Engelöl sind eine wichtige Unterstützung auf der seelisch-mentalen Ebene für Frauen, die Angst vor diesem Eingriff haben. Gleichzeitig stellen sie einen energetischen Schutz für das Ungeborene dar und verhindern dadurch ein mögliches Trauma.

Engel-Kombi-Essenz oder Engel-Kombi-Öl No. 43 | „Die 7 Nothelfer" und Engel-Aura-Essenz „Erzengel Michael".

Empfängnis:

Für eine Empfängnis muss in erster Linie eine Seele bereit sein, in einem irdischen Körper empfangen zu werden. Das ist der Grund, warum künstliche Befruchtungen und angestrengte Bemühungen, schwanger zu werden, oftmals fehlschlagen. Eine wichtige Hilfe und Unterstützung aus der Geistigen Ebene ist die Energie von Erzengel Gabriel.

Engelessenz No. 45 | Erzengel Gabriel und Engel-Aura-Essenz „Erzengel Gabriel"

Frühgeburt:

Eine Frühgeburt hängt mit der „Entscheidung" der Kinderseele zusammen, früher als vorgesehen zur Welt zu kommen, selbst wenn das mit körperlichem und gesundheitlichem Risiko verbunden ist. Dieses Ereignis hängt immer mit dem Karma zwischen Eltern und Kind zusammen und bietet für die Eltern eine Chance für persönliche und spirituelle Weiterentwicklung.

Engel-Kombi-Essenz oder Engel-Kombi-Öl No. 2 | Nanael und Engel-Aura-Essenz „Erzengel Zadkiel" (für die Mutter), Engel-Kombi-Öl No. 26 und Engel-Aura-Essenz „Baby & Kleinkind | Beruhigung" (für das Kind).

Geburt:

Engelessenzen bzw. Engelöle unterstützen die Geburt auf allen Ebenen (seelisch, mental, physisch, spirituell). Sie wirken in dreierlei Hinsicht: Linderung von Geburtsängsten bei Mutter und Kind - Aufarbeitung der Geburt (einige Zeit nach der Geburt noch anzuwenden) - Aufarbeitung der Geburtsängste, die man selbst während seiner eigenen Geburt erfahren hat.

Engel-Kombi-Essenz oder Engel-Kombi-Öl No. 18 | Vaniel und Engel-Aura-Essenz „Erzengel Michael"

Geburtskomplikationen:

Bei absehbaren Komplikationen während der Geburt dienen Engelessenz bzw. Engelöl zur Beruhigung. Gleichzeitig ist eine sehr starke Unterstützung und Führung durch die Geistige Ebene und die Engelwelt gegeben. Diese Unterstützung durch die Engel erfolgt in erster Linie auf der feinstofflichen sowie auf der seelisch-mentalen Ebene (Ängste der Mutter). Die Engelenergie dient gleichzeitig dem Chakrenausgleich und der Chakrenstabilisierung.

Besonderheit: Wenn die Hebamme die Gebärende mit dem Öl einmassiert, nimmt sie über ihre Handflächen (Handchakra) die Engelenergien in ihre eigene Aura auf (kann für deren eigene Beruhigung in Not- und Stresssituationen dienlich sein). Wenn die Hebamme mit der Essenz arbeitet und sie diese der Schwangeren auf Zunge, Stirn, Nacken, Puls oder Bauch tropft, sollte sie selbst ein paar Tropfen einnehmen. Auch für werdende Väter zur Beruhigung sehr geeignet!

Engel-Kombi-Essenz oder Engel-Kombi-Öl No. 43 | Loriel | „Die 7 Nothelfer" und Engel-Aura-Essenz „Erzengel Michael"

Geburtstrauma des Kindes:

Wichtig ist die Auflösung eines Traumas, das durch Geburtskomplikationen verursacht wurde. Dieses Trauma bleibt im feinstofflichen Körper eines Kindes ein Leben lang abgespeichert, wenn es nicht aufgelöst wird. Oft wird dieses Geburtstrauma überhaupt erst im Erwachsenenalter in energetischen oder therapeutischen Behandlungen entdeckt. Engelessenz bzw. Engelöl stellen eine energetische „Starthilfe" ins Leben dar, indem sie Geburtstraumata sanft auflösen.

Engel-Kombi-Öl No. 20 | Rakael (bei leichten Komplikationen) Engel-Kombi-Öl No. 26 | Norael (bei schweren Komplikationen, Kaiserschnitt) und Engel-Aura-Essenz „Baby & Kleinkind | Beruhigung"

Geburtstrauma der Mutter:

Für die Verarbeitung von langwierigen, traumatischen Geburten, nach Zangen- oder Saugglockengeburt, nach Kaiserschnitt oder sonstigen Geburtskomplikationen gibt es die „Seelische Engel-Notfallessenz" bzw. das entsprechende Öl.

Engel-Kombi-Essenz oder Engel-Kombi-Öl No. 02 | Nanael und Engel-Aura-Essenz „Erzengel Uriel"

Geburtsvorbereitung für das Kind (8. und 9. Schwangerschaftsmonat):

Mindestens genauso wichtig wie eine Geburtsvorbereitung durch Kontrollbesuche beim Arzt, Schwangerengymnastik, Aufbau einer Babyausstattung, etc. ist die energetische Vorbereitung für die ungeborene Seele. Diese muss – von einer hohen, lichten Sphäre kommend – in die Dichte der physischen Welt eintreten. Gleichzeitig muss sie sich in die Enge eines physischen Körpers hineinzwängen. Beides ist nicht gerade einfach. Die Engel-Aura-Essenz stellt für das Ungeborene eine große Erleichterung beim Wechsel von der feinstofflichen in die grobstoffliche Ebene dar.

Engel-Aura-Essenz „Baby und Kleinkind | Beruhigung"

Gelbsucht:

Nicht jede Seele ist zu 100 % von ihrer Entscheidung überzeugt, von der feinstofflichen Welt in einen grobstofflichen

Körper zu wechseln. Das kann sich nach der Geburt über Störungen der Leber bemerkbar machen (Emotionen, die dem Organ „Leber" zugeordnet sind: Unzufriedenheit, Verzweiflung, Ärger, u. a.). Die Engelessenz und das Engelöl unterstützen das „Ja-Sagen" zu diesem neuen Leben und fördert den Lebenswillen.

Engel-Kombi-Öl No. 60 | Rilael und Engel-Aura-Essenz „Baby & Kleinkind | Beruhigung"

Hormone, weibliche:

Hormonelle Probleme sind immer gekoppelt mit (un)bewussten seelisch-mentalen Problemen. Diese resultieren oftmals aus Stress, Ängsten, Schocks, unaufgearbeiteten Erlebnissen usw. Die Engelessenzen und das Engelöl sind eine wertvolle energetisch-feinstoffliche Ergänzung zur schulmedizinischen oder homöopathischen Regulierung des Hormonhaushalts.

Engel-Kombi-Essenz oder Engel-

Kombi-Öl No. 15 | Rihael und Engel-Aura-Essenz „Erzengel Chamuel"

Impfungen:

Über Sinn und Unsinn von Impfungen gehen die Meinungen weit auseinander. Tatsache ist, dass sich eine Impfung energetisch genauso belastend in der Aura des Menschen auswirkt wie eine Narkose. Jahre später sind Impfungen noch im feinstofflichen Körper nachweisbar. Impfstoffe kann man energetisch „entschärfen", indem man sie auf die Symbolkarte No. 04 (Engel für Reinheit und Klarheit) oder auf die Engel-Therapie-Symbole No. 04 | Aniel legt, bevor sie injiziert werden. Hat man den Impfstoff nicht zur Verfügung, dann kann man nach der Impfung das Kind einige Wochen lang mit dem entsprechenden Öl einmassieren. Damit werden die energetischen Belastungen wieder ausgeschieden.

Engel-Kombi-Öl No. 04 | Aniel (nach einer Impfung) und Engel-Aura-Essenz „Energetische Abgrenzung" (vor einer Impfung)

Koliken von Neugeborenen:

Babys müssen sich nicht nur auf eine gewaltige Nahrungsumstellung von Fruchtwasser auf Muttermilch oder Babyfläschchen einstellen, sie müssen auch mit der Muttermilch die Nahrung der Mutter „mit verdauen". Und nicht nur deren Nahrung, sondern auch deren Ängste und Emotionen. Vielfach kommt erschwerend noch dazu, dass manche Mutter mit der neuen Situation überfordert ist.

Engel-Kombi-Essenz oder Engel-Kombi-Öl No. 21 | Yerathel und Engel-Aura-Essenz „Erzengel Michael" (für die Mutter) bzw. „Baby und Kleinkind | Beruhigung" (für das Kind)

Anwendungsmöglichkeit:
Werden Koliken des Kindes durch Nahrungsunverträglichkeit der Mutter hervorgerufen, kann diese Engel-Kombi-Essenz oder das Engel-Kombi-Öl No. 10 | Nithael verwenden; bei Nervosität oder Anspannung

der Mutter die Engel-Kombi-Essenz No. 39 | Raniel.

Krankheit | Operation des Kindes:

Das Baby-Engelnotfallsöl stellt besonders im Krankheitsfall oder bei Operationen eine intensive energetische Unterstützung durch die Geistige Welt dar. Es aktiviert die Selbstheilungskräfte und schenkt Ruhe, Zuversicht und Gelassenheit.

Ein angenehmer Nebeneffekt dabei ist, dass die Mutter, die das Öl mit ihren Handflächen sanft einmassiert, die Engelenergien über ihre Handchakren (Handinnenseite) in ihre Aura, ihren feinstofflichen Körper aufnimmt. Dadurch wird sie quasi „mitbehandelt" - Ängste, Unsicherheiten, Panik und Stress werden sanft mitaufgelöst.

Darüber hinaus ist es sehr wirkungsvoll, das Kinder- oder Krankenzimmer mit der Engel-Aura-Essenz „Erzengel Raphael" auszusprühen!

Engel-Kombi-Öl No. 26 | Norael und Engel-Aura-Essenz „Erzengel Raphael"

Menstruation:

Unregelmäßiger, schmerzhafter oder ausbleibender Menstruation liegen seelisch-mentale Ursachen sowie Blockaden im feinstofflichen Körper und in den Chakren zugrunde. Die Engelessenzen und das Engelöl sind eine wertvolle energetisch-feinstoffliche Ergänzung zur schulmedizinischen oder homöopathischen Behandlung.

Engel-Kombi-Essenz oder Engel-Kombi-Öl No. 16 | Rosael und Engel-Aura-Essenz „Erzengel Chamuel"

Narkose:

Engelessenz bzw. Engelöl sind ein starker, energetischer Schutz des feinstofflichen Körpers von Mutter und Kind während einer Narkose. Während dieser Zeit kann eine Seele kurzfristig ihren Körper verlassen. (Es ist nicht immer gewährleistet, dass sie auch wieder vollständig in den Körper zurückkehrt.) Durch das Anwenden der Narkoseessenz bzw. des Narkoseöls wird der Körper „von Engeln bewacht", damit keine fremden Energien von ihm Besitz ergreifen[21]. Essenzen und Öl „fädeln" die Seele wieder in den Körper ein, falls diese nach der Narkose nicht wieder vollkommen in den Körper zurückgekehrt ist, sie reinigen und entgiften die Aura von Narkoserückständen. Deshalb sollten sie nach jedem Kaiserschnitt oder sonstigen Operationen unbedingt angewendet werden. Sie lindern auch die Angst vor einer Narkose und dem Gefühl des Ausgeliefert-Seins.

Engel-Kombi-Essenz oder Engel-Kombi-Öl No. 32 | Sorihael und Engel-Aura-Essenz „Energetische Abgrenzung". Einige Zeit (vor und) nach einer Narkose anwenden!

Neugeborene:

Engelessenzen und Engelöl erleichtern den Start ins Leben.

[21] Siehe Seite 167: „Besetzungen, Fremdenergien"

Sie lösen energetische Blockaden und Belastungen, die aus Schwangerschaft und Geburt mitgebracht wurden (siehe auch „Babymassagen" und „Geburtskomplikationen Kind"). Gleichzeitig erleichtern sie den Wechsel der Seele von der feinstofflichen in die irdische Ebene. Für Streicheleinheiten und Babymassagen bestens geeignet!

Engel-Kombi-Öl No. 20 | Rakael und Engel-Aura-Essenz „Baby & Kleinkind | Beruhigung"

Operation (Kaiserschnitt):
Ein intensiver Schutz für Mutter und Kind während eines Kaiserschnitts / einer Operation kann mit einem Engelöl aufgebaut werden. Dieses lindert gleichzeitig auch die Angst vor einem medizinischen Eingriff. Es bietet eine intensive und starke Unterstützung im Heilungsverlauf. Das Öl kann mit der Engel-Kombi-Essenz bzw. Engel-Kombi-Öl No. 32 „Sorihael" kombiniert werden.

Engel-Kombi-Öl No. 33 | Curiel und Engel-Aura-Essenz „Energetische Abgrenzung" oder „Strahlungsschutz"

Regeneration der Mutter:
Die Engelwelt bietet eine wirksame Unterstützung für die Zeit nach einer schwierigen, lang andauernden oder komplizierten Geburt, nach einem Kaiserschnitt oder sonstigen medizinischen Eingriffen. Die Engelessenzen helfen der Mutter, sich schneller zu regenerieren und schenken Kraft, Lebensfreude und Zuversicht.

Engelessenz No. 47 | Erzengel Uriel und Engel-Aura-Essenz „Erzengel Uriel"

Schreibabys:
Es gibt vielerlei Gründe, warum Babys zu Schreibabys werden: Geburtsschock, Narkosebelastung, Kaiserschnitt, Impfbelastungen, Schwierigkeiten beim Übertritt von der feinstofflichen in die irdische Welt, „Platzangst" der Seele in einem

kleinen, grobstofflichen Körper, Startschwierigkeiten in der physischen Welt, mitgebrachte karmische Muster und Blockaden, Spüren von Fremdenergien und energetischen Belastungen des Umfeldes, um nur einige zu nennen. Auch Stress, Unsicherheit und Ängste, die von der Mutter übernommen werden, können Babys zu Schreibabys werden lassen.

Engel-Kombi-Öl No. 26 | Norael und Engel-Aura-Essenz „Energetische Reinigung"

Literaturempfehlung zum Thema Fremdenergien: Der Junge mit den lichten Augen, Cyrill Scott, Grafing 2000; Heilende Engelessenzen und Engelöle, Ingrid Auer, Güllesheim 2004, Seite 152 ff.

Schwangerschaft:
Eine energetische Unterstützung und Begleitung durch die Schwangerschaft wird mit der Anwendung der Engelessenz und dem Engelöl gewährleistet. Sie haben eine sehr positive Auswirkung auf Mutter und Kind und bereiten beide auf einen neuen Lebensabschnitt vor. Eine Auflösung von Schwangerschaftsängsten sowie von Ängsten, die die Mutter aus ihrer eigenen oder vorangegangenen Schwangerschaft mitbringt, wird möglich.

Engel-Kombi-Essenz oder Engel-Kombi-Öl No. 17 | Muriel und Engel-Aura-Essenz „Erzengel Michael"

„Schwangere Paare":
Manche Frauen und Männer durchleben immer wieder Unsicherheiten während der Schwangerschaft in Bezug auf die Zeit nach der Geburt. Sie benötigen Unterstützung in ihrer neuen Identifikation als zukünftige Mütter und Väter bzw. als (Liebes-)Paar.

Engel-Kombi-Öl No. 02 | Nanael, Engelessenz No. 20 | Engel für Liebe und Beziehungen und Engel-Aura-Essenz „Erzengel Chamuel"

Für Partnermassagen: Vermischen Sie 100 ml reines Jojobaöl mit 35 Tropfen Engelöl und massieren Sie dieses großflächig am Körper ein. Auch für werdende Väter bestens geeignet!

Schwangerschaftsabbruch:
Eine Abtreibung hat den unfreiwilligen Rückzug einer Seele aus einem bereits heranwachsenden Körper zur Folge. Viele Frauen leiden Jahre später noch daran, egal, ob der Eingriff aus medizinischen oder persönlichen Gründen vorgenommen wurde. Neben psychologischer Betreuung benötigen sie Unterstützung auf der feinstofflichen-spirituellen Ebene.

Engel-Kombi-Essenz oder Engel-Kombi-Öl No. 35 | Aliel und Engel-Aura-Essenz „Erzengel Zadkiel". In schwierigen Fällen mit Engel-Kombi-Essenz No. 25 | Cilhael oder Engel-Kombi-Öl No. 25 | kombinieren.

Schwangerschaftskomplikationen:
Engelessenz bzw. Engelöl unterstützen bei Komplikationen in der Schwangerschaft auf der seelischen, mentalen und – daraus resultierend – körperlichen Ebene. Sie stellen eine wichtige und wertvolle Ergänzung zu medizinischen Maßnahmen dar. Darüber hinaus können sie, von der Mutter angewandt, eine wichtige Beruhigung des Kindes im Mutterleib bewirken. Sie können während der Schwangerschaft auch bei körperlichen Notfällen aller Art verwendet werden.

Engel-Kombi-Essenz oder Engel-Kombi-Öl No. 1 | Lariel und Engel-Aura-Essenz „Erzengel Michael"

Sexualität:
Seelische und körperliche sexuelle Verletzungen führen in vielen Fällen zu Störungen oder Blockaden in der Sexualität. Ebenso kann Sexualität nach der Geburt eines Kindes von Frauen als Belastung empfunden werden.

Engel-Kombi-Essenz oder Engel-Kombi-Öl No. 56 | Nirael und Engel-Aura-Essenz „Erzengel Chamuel"

Totgeburt, Fehlgeburt:
So ungewöhnlich es auch klingen mag, handelt es sich dabei um einen frei gewählten Abschied einer Seele aus einem Körper und hat neben medizinischen Ursachen immer auch karmische Gründe. Viele Frauen leiden Jahre später noch daran. Neben psychologischer Betreuung benötigen sie Unterstützung auf der feinstofflichen-spirituellen Ebene.

Engel-Kombi-Essenz oder Engel-Kombi-Öl No. 25 | Cithael und Engel-Aura-Essenz „Erzengel Zadkiel", in besonders schwierigen Fällen mit Engel-Kombi-Essenz oder Engel-Kombi-Öl No. 43 | Loriel | „Die 7 Nothelfer" kombinieren.

Viele Frauen durchleben Ängste vor und während einer weiteren Schwangerschaft. Dafür haben sich die Engel-Kombi-Essenz oder das Engel-Kombi-Öl No. 22 | Doriel und die Engel-Aura-Essenz „Erzengel Michael" sehr bewährt.

Literaturempfehlung: Jennins, James: George. Die Biographie eines Engels. München 1996

Technische Untersuchungen, beispielsweise Ultraschall- oder CTG-Untersuchungen:
Engel-Aura-Essenzen schützen die Aura von Mutter und Kind. Die Strahlungs- und Energiebelastung von technischen Untersuchungsgeräten wird in der Aura abgeblockt bzw. aus dem feinstofflichen Körper von Mutter und Kind wieder ausgeschieden. Diese Aura-Essenz ist auch für Mütter sehr wichtig, die während der Schwangerschaft am Computer arbeiten.

Engel-Aura-Essenz „Strahlungsschutz" – eventuell täglich abwechselnd mit einer anderen Engel-Aura-Essenz, beispielsweise mit „Erzengel Michael", während der Schwangerschaft verwenden. Vor einer Narkose mit Engel-Aura-Essenz „Energetische Abgrenzung" kombinieren.

Anwendung: über den Kopf und den Bauch sprühen, idealerweise mindestens 5 Tage vor bis 5 Tage nach Schwangerschaftsuntersuchungen oder Narkose verwenden.

Wochenbett, Stillen:

Engelessenz und Engelöl bieten eine wertvolle Unterstützung im neuen Lebensabschnitt für Mutter und Kind. Einerseits für die Frau, die in die Mutterrolle hineinwachsen soll, und andererseits für das Kind, das sich an einen irdischen Körper gewöhnen und neue Eindrücke verdauen muss. Manche Mütter sind im Alltag mit dem Baby überfordert oder haben persönliche oder partnerschaftliche Probleme. Auch bei Still-Ängsten, bei Wachstumsschüben des Kindes oder wenn die Mutter glaubt, nicht mehr genug Muttermilch zu haben und verunsichert oder ängstlich darauf reagiert, helfen diese Essenzen bzw. dieses Öl.

Engel-Kombi-Essenz oder Engel-Kombi-Öl No. 19 | Mykael und Engel-Aura-Essenz „Erzengel Uriel" - zur Unterstützung der Mutter, Engel-Kombi-Öl No. 19 | Mykael und Engel-Aura-Essenz „Baby & Kleinkind | Beruhigung" - zur Unterstützung des Kindes.

Zeit für sich selbst:

Sich hin und wieder Zeit für sich selbst zu nehmen ist für jede (werdende) Mutter sehr wichtig. Ihr Wohlbefinden oder ihr Stresspegel, ihre Ausgeglichenheit oder ihre seelischen Probleme wirken sich natürlich auf das Ungeborene oder Neugeborene aus. Babys und kleine Kinder sind der Spiegel des Seelenlebens ihrer Mutter. Sie sollte sich deshalb fallweise eine kleine Auszeit genehmigen. Diese kann für Meditationen oder sonstige Kontaktaufnahmen mit dem Ungeborenen und der Engelwelt genutzt werden.

Als Unterstützung zur Meditation können die Engel-Aura-Essenzen verwendet werden, die ab Seite 100 empfohlen werden.

Die richtige Auswahl

Einfaches Auswahlverfahren

Grundsätzlich ist es ganz einfach, die richtigen Essenzen und Öle auszuwählen. Wenn Sie über die im Buch bei den jeweiligen Essenzen und Ölen angeführte „Körperliche Zuordnung" Ihre Auswahl treffen, liegen Sie zu etwa 85% richtig.

Sie können sich auch an folgende Empfehlungen halten:

Einfache, unkomplizierte Schwangerschaft und Geburt:

Engel-Kombi-Essenz / Öl No. 17 für Schwangerschaft
Engel-Kombi-Essenz / Öl No. 18 für Geburt
Engel-Kombi-Öl No. 20 für Neugeborene

Normale Schwangerschaft und Kräfte raubende Geburt:

Engel-Kombi-Essenz / Öl No. 17 für Schwangerschaft
Engel-Kombi-Essenz / Öl No. 18 für Geburt
Engel-Kombi-Öl / Neugeborenen-Notfälle No. 26
Engelessenz No. 47 „Erzengel Uriel" (für die Mutter)

Schwangerschaftskomplikationen und normale Geburt:

Engel-Kombi-Essenz / Öl No. 01 für Körperlichen Notfall
Engel-Kombi-Essenz / Öl No. 18 für Geburt
Engel-Kombi-Öl No. 26 „Neugeborenen-Notfälle" (für das Kind)

Normale Schwangerschaft und Kaiserschnitt:

Engel-Kombi-Essenz / Öl No. 17 für Schwangerschaft
Engel-Kombi-Essenz / Öl No. 32 für Narkose (vor Kaiserschnitt)
Engel-Kombi-Öl No. 33 für Operation (nach Kaiserschnitt)
Engel-Kombi-Öl No. 26 „Neugeborenen-Notfälle" (für das Kind)

In manchen Fällen werden nach der Geburt mehrere Essenzen

oder Öle benötigt, beispielsweise für Narkose, Operation, Wochenbett oder Ängste. Wie ist da die richtige Auswahl zu treffen?

Wählen Sie die Reihenfolge der Essenzen bzw. Öle, die Sie anwenden möchten, ganz intuitiv aus. Bedenken Sie aber dabei, dass nicht mehr als zwei Essenzen bzw. Öle gleichzeitig angewandt werden sollten.

Auswahl mit Hilfe von Muskeltest, Biotensor oder Pendel

Für Frauen, die eine noch exaktere Auswahl treffen möchten, bietet sich natürlich an, die Essenzen und Öle mit Hilfe des kinesiologischen Muskeltests, eines Biotensors oder eines Pendels genau auszutesten. Dabei sollten folgende Punkte abgefragt werden:

↘
Welche Essenz / welches Öl / welche Aura-Essenz wird benötigt?

↘
Welche Dosierung ist ideal?

↘
Über welchen Zeitraum sollen Essenz oder Öl verwendet werden?

↘
In welcher Reihenfolge sollte die Anwendung erfolgen?

↘
Wie viele Essenzen oder Öle können gleichzeitig verwendet werden?

Was Sie beim Austesten beachten sollten, wie Sie mit Biotensor oder Pendel optimal umgehen, etc. habe ich in meinem Buch „Heilen mit Engel-Therapie-Symbolen" (ab Seite 50) ausführlich beschrieben.

Wie Sie rasch und effizient austesten können, die Informationen über alle Engel-Essenzen und Öle in Ihrem Mentalkörper einspeichern und wieder abfragen, steht in meinem Buch „Heilende Engelessenzen und Engelöle" (ab Seite 158). Darüber hinaus finden Sie dort die entsprechenden Pendeltafeln.

Aufbau einer Grundausstattung

Die Engelwelt hat uns eine Vielzahl an Essenzen und Ölen beschert. Verständlicherweise braucht man nicht alle gleichzeitig. Um Ihnen die Auswahl zu erleichtern, gebe ich Ihnen folgende Anregung für eine Grundausstattung:

Für Schwangere:

Essenz / Öl No. 17 – Schwangerschaft

Essenz / Öl No. 18 – Geburt

Öl No. 20 – Neugeborene

Öl No. 26 – Notfallöl Baby und Kleinkind

Engel-Aura-Essenz „Baby und Kleinkind | Beruhigung"

Eventuell noch:
Essenz / Öl No. 04 – Entgiften (Impfungen)

Engel-Aura-Essenz „Erzengel Michael" – Ruhe, Schutz, Geborgenheit

Engel-Aura-Essenz „Erzengel Uriel" – Kraft, Geburt, Rekonvaleszenz

Engel-Aura-Essenz „Engelmeditation" – Zeit für sich selbst

Für Hebammen und Ärzte:

Essenz / Öl No. 17 – Schwangerschaft

Essenz / Öl No. 18 – Geburt

Öl No. 20 – Neugeborene (Babymassage)

Öl No. 26 – Notfallsöl Baby und Kleinkind

Engel-Aura-Essenz „Baby und Kleinkind | Beruhigung"

Essenz / Öl No. 32 – Narkose

Öl No. 33 – Operation, Kaiserschnitt

Essenz / Öl No. 43 – „Die 7 Nothelfer"

„Erzengel Michael" – Ruhe, Schutz, Geborgenheit

„Erzengel Uriel" – Kraft, Geburt, Rekonvaleszenz

„Erzengel Raphael" – Operation, Krankheit

„Energetische Abgrenzung" – während Narkose

„Strahlungsschutz" – für Untersuchungen und Narkose

Eventuell noch:
Essenz / Öl No. 01 – Körperlicher Notfall

Essenz / Öl No. 02 – Seelischer Notfall

Essenz / Öl No. 19 – Wochenbett, Stillen

Essenz / Öl No. 21 – Koliken

Essenz / Öl No. 60 Gelbsucht

Engel-Aura-Essenz „Engelmeditation" – Schwangerschaftsvorbereitung

Für Energetiker und Heilpraktiker:

Essenz / Öl No. 02 – Seelischer Notfall, Schock, Traumata

Essenz / Öl No. 17 – Aufarbeiten der (eigenen) Schwangerschaft

Essenz / Öl No. 18 – Aufarbeiten der (eigenen) Geburt

Essenz / Öl No. 25 – Karma-Aufarbeitung

Öl No. 26 – Aufarbeitung von Schocks und Traumata aus Baby- und Kleinkindalter

Engelmeditationen

Die folgenden Engelmeditationen sind für Frauen und Männer gedacht, die sich ein Kind wünschen bzw. sich durch Schwangerschaft, Geburt und die Zeit danach von der liebevollen Energie der Engel begleiten lassen möchten.

Die Meditationen können alleine, in einer Gruppe oder zusammen mit dem Partner gemacht werden. Vielleicht bitten Sie jemanden, Ihnen den Meditationstext vorzulesen, während Sie sich entspannen. Diese Meditation sollte – je nach Wunsch – von Zeit zu Zeit wiederholt werden.

Die Texte von Schwangerschaft, Geburt und Wochenbett sind auch als geführte Meditationen mit eigens dafür komponierter Musik auf der CD „Engel begleiten durch Schwangerschaft und Geburt" erhältlich.

Aura-Essenz
„Erzengel Gabriel"

Engelmeditation für die Empfängnis

Mach es dir bequem und schließe deine Augen. Atme ein paar Mal tief durch. Fühle beim Ausatmen, dass die Anstrengungen des Tages leichter und leichter werden. Spüre, dass du dich mit jedem Atemzug mehr und mehr entspannst.

Es ist früh am Morgen. Die Sonne erwacht und die Vögel zwitschern ein fröhliches Lied. Ganz in der Nähe gibt es einen wunderschönen, alten Park, den du noch nie gesehen hast. Mach' dich auf den Weg und lasse dich von deinen Engeln führen.

Du kommst an ein großes schmiedeeisernes Tor. Es ist weit geöffnet und du trittst ein. Tau bedeckt das Gras, die Bäume und die Blüten. Neugierig schlenderst du den Weg entlang, vorbei an blühenden Rosen, an duftenden Hecken und wunderschönen Sträuchern. Unter alten Bäumen sind ein paar bequeme Korbstühle aufgestellt. Nimm Platz und lehne dich entspannt zurück.

Zu deinen Füßen liegt ein kleiner Teich. Hunderte Seerosen bedecken die Wasseroberfläche. Frische Tautropfen benetzen ihre Blütenblätter. Eine Seerose nach der anderen öffnet ganz langsam ihren Blütenkelch. Kaum sind die Blüten geöffnet, kommen die ersten Bienen und Schmetterlinge. Sie tragen Blütenstaub an ihrem Körper und streifen ihn an den geöffneten Blütenkelchen ab.

Schließe nun deine Augen. Fühle, wie dich eine liebevolle, strahlende Energie umfängt. Es ist Erzengel Gabriel. *Er kennt deinen Herzenswunsch und weiß, dass du ein Kind empfangen möchtest.*

Erzengel Gabriel kennt die Schutzengel deines Kindes und führt dich zu ihnen. Zwei große Engel, lichtvoll, liebevoll und strahlend tauchen vor dir auf. Sie kennen deinen Herzenswunsch. Sanft nehmen sie dich an der Hand. Vor dir erscheint nun ein hell strahlendes Licht. Es ist die Seele deines Kindes. Sie möchte zu dir kommen. Fühle nun, wie dieses Licht von deinem Unterleib angezogen wird. Es ist ein Lichtstrahl, der in deinen Unterleib eindringt und dich sanft ausfüllt. Bleib ein wenig in diesem wunderbaren Gefühl.

Nun bedanke dich bei den Schutzengeln deines künftigen Kindes. Wenn die Zeit gekommen ist, werden sie gemeinsam mit ihm zu dir kommen. In dein Leben, in dein Haus, in deinen Körper.

Die Schutzengel deines Kindes begleiten dich nun zurück zu Erzengel Gabriel. Mächtig, strahlend, gleißend steht er vor dir. Er gibt dir eine weiße Lilie mit auf den Weg. Bedanke dich bei ihm und wisse, dass du jederzeit mit ihm in Kontakt treten kannst.

Kehre nun zurück an den Seerosenteich, gehe vorbei an den duftenden Bäumen und Sträuchern, durchschreite das schmiedeeiserne Tor und komme hierher zurück in dieses Haus, in diesen Raum, in die Gegenwart.

Spüre nun den Boden, die Sitzfläche ganz deutlich unter dir. Bewege Arme und Beine, recke und strecke dich genüsslich und öffne langsam deine Augen.

Aura-Essenz
„Baby & Kleinkind"

Engelmeditation für die Schwangerschaft

Mach es dir bequem und schließe deine Augen. Atme ein paar Mal tief durch. Fühle beim Ausatmen, dass die Anstrengungen des Tages leichter und leichter werden. Spüre, dass du dich mit jedem Atemzug mehr und mehr entspannst. Stell dir vor, es ist Sommer. Im Schatten alter Apfelbäume steht ein Liegestuhl bereit. Mach es dir darin bequem und beobachte die kleinen, weißen Wölkchen, die am Himmel vorüberziehen. Erinnert dich nicht das eine oder andere an dein ungeborenes Kind?

Genieße die Ruhe und schließe deine Augen.

Fühle nun einen sanften, liebevollen Energiestrom links und rechts neben dir, in derHöhe deines Herzens. Es ist die Energie deiner beiden Schutzengel. Diese wohltuende, sanfte Energie scheint mit deinem Körper zu verschmelzen.

Deine Schutzengel sind zwei liebevolle, sanfte, strahlende Wesen, die dich Tag und Nacht begleiten. Sie kennen deinen Lebensplan und den deines ungeborenen Kindes.

Neben deinen persönlichen Schutzengeln stehen noch zwei weitere Engel: die Schutzengel deines Kindes. Nimm Kontakt mit ihnen auf und heiße sie willkommen!

Spüre nun in deinen Körper hinein und fühle, an welcher Stelle sich dein Kind befindet. Begrüße dein Kind liebevoll.

Sag ihm, wie sehr du dich freust, dass es ausgerechnet zu dir gekommen ist. Wie sehr du auf diesen Augenblick gewartet hast - oder - wie groß deine Überraschung anfangs war, Mutter - oder Vater - zu werden. Frag es, woher ihr euch kennt. Vielleicht schickt es dir jetzt eine Botschaft und innere Bilder tauchen in dir auf.

Sag ihm, welchen Namen du für das Kind vorgesehen hast und lausche in dich hinein. Du wirst ein Gefühl dafür bekommen, ob es damit einverstanden ist... Sag deinem Kind, dass du alles tun wirst, um seine Ankunft so liebevoll wie möglich zu gestalten. Dass es keine Angst vor dem Eintritt auf der Erde haben muss. Es weiß, dass seine und deine Schutzengel, aber auch die Helferengel und Geburtsengel Tag und Nacht bei euch sein werden.

Fühle nun, wie deine Seele und die Seele deines Kindes einander zart berühren. Deine und seine Schutzengel bilden einen lichtvollen Kreis um Euch. Weitere Schutzengel, Schwangerschaftsengel und Helferengel kommen hinzu. Und Erzengel Michael schickt seinen blauen Strahl auf Euch herab. Verweile in dieser wundervollen Energie.

Nun verabschiede dich mit deinen eigenen Worten. Verneige dich vor der Seele des Kindes, vor seinen himmlischen Begleitern. Bedanke dich bei deinen Schutzengeln, bei den Schwangerschaftsengeln und Helferengeln, die so zahlreich zu dir gekommen sind.

Kehre nun allmählich wieder in die Gegenwart zurück. Bewege deine Arme, deine Beine, deinen Kopf. Und in einem Augenblick, der für dich angenehm ist, öffne deine Augen.

Erzengel Uriel

Aura-Essenz
„Erzengel Michael"

Engelmeditation für die Geburtsvorbereitung

Diese Meditation empfiehlt sich in den letzten zwei Wochen vor dem errechneten Geburtstermin oder in den letzten zwei Schwangerschaftsmonaten abwechselnd mit der Schwangerschaftsmeditation. Der Ablauf dieser Meditation wird über das Symbol von Erzengel Uriel fest in dir verankert. Während der Geburt brauchst du dann nur mehr an das Symbol denken, und die energetische Hilfe und Unterstützung durch die Engelwelt erfolgt von selbst. Wenn der Partner diese Meditation ebenfalls durchführt, kann auch er während der Geburt Engelhilfe über das Symbol herbeirufen.

Sieh das Symbol von Erzengel Uriel noch einmal gut an, mach es dir bequem und schließe deine Augen. Atme tief und ruhig ein und aus. Fühle, wie sich dein Brustkorb, dein Bauch langsam und gleichmäßig hebt und senkt.

Gehe in deiner Vorstellung in den Raum, in dem voraussichtlich dein Kind geboren wird. Das kann bei dir zu Hause, in einem Geburtshaus oder im Kreißsaal einer Klinik sein.

Fühle, wie gleichzeitig mit dir eine Schar von Engeln den Raum betritt: Deine persönlichen Schutzengel, die Schutzengel deines ungeborenen Kindes, deines Partners, der Hebamme, des Arztes. Ja, sogar die Geburtsengel sind bereits vor Ort. Ein helles, strahlendes Leuchten durchflutet den Geburtsort deines Kindes.

Egal, welche Art von Geburt du wählen wirst, du bist von Engeln umringt. Sie bilden einen Lichtkreis um

dich, beruhigen, beschützen und bestärken dich. Lass dich und dein Kind von ihren liebevollen Energien durchfluten.

Die Wehen nehmen ihren Lauf, erfordern deine ganze Kraft und Aufmerksamkeit. Denke nun an das orangerote Symbol von Erzengel Uriel. Es symbolisiert Leben, Kraft und Erdung. Spüre die Energie von Erzengel Uriel wie eine warme Welle, die deinen Bauch umfängt und sanft in deinen Unterleib dringt. Auch Erzengel Michael ist anwesend. Sein sanftes, beruhigendes Licht umgibt dich. Er breitet über dich und dein Kind seine schützenden Flügel aus. Spüre das Vertrauen, das er dir schenkt.

Die Engel begleiten dich und dein Kind durch den gesamten Geburtsverlauf. Sie unterstützen die Hebamme, den Arzt und alle anderen Anwesenden.

Bleib ein wenig in dieser wundervollen Engelenergie. Die Engelenergien sind deinem Kind sehr vertraut. Dein Kind ist gleichsam ein Engel, der dabei ist, seine himmlische Heimat zu verlassen, um zu dir zu kommen. Heiße nun dein Kind willkommen. Seine Seele hat vor langer Zeit mit dir vereinbart, ein Stück des Weges gemeinsam mit dir zu gehen.

Nun bedanke dich bei den Engeln, die dich während der Geburt begleiten und unterstützen.

Kehre allmählich in die Gegenwart zurück. Bewege langsam Arme und Beine, recke und strecke dich ein wenig. Und wenn du soweit bist, öffne deine Augen.

Ich wünsche dir von Herzen eine glückliche Geburt!

Aura-Essenz
„Erzengel Metatron"

Engelmeditation für die Zeit nach der Geburt

Dein Kind ist da! Seine Seele hat sich für ein neues Erdenleben entschieden. Begleitet von vielen Engeln wird es mit dir durch das Leben gehen...

Such dir einen ruhigen Platz und mach es dir bequem. Atme ruhig ein – atme ruhig aus. Lass dich fallen. Lass dich tiefer und tiefer gleiten. Entspanne dich. Schicke deine Gedanken, die vielleicht noch in deinem Kopf kreisen, hinaus ins All, hinauf zu den Sternen.

Es ist Abend. Ein arbeitsreicher Tag liegt hinter dir. Nun hast du endlich Zeit für dich selbst. Genieße ein Bad und räkle dich im warmen Wasser. Dann lass dich auf dein Bett sinken, entspanne dich und schließe deine Augen. Dein Kind schläft friedlich in seinem Bettchen neben dir.

Um dich herum wird es nun heller und heller. Vor deinem inneren Auge erscheint eine strahlende Lichtgestalt. Sieh genauer hin! Es ist einer deiner Schutzengel, der zu dir gekommen ist. Nimm mit ihm Kontakt auf und fühle seine Energie.

Das Licht um dich wird noch stärker, noch strahlender. Ein zweiter Schutzengel ist gekommen. Er ist ein Schutzengel deines Kindes. Immer mehr Engel erfüllen den Raum: Schutzengel, Helferengel, Engel für Neugeborene. Sie alle sind gekommen, um dein Kind willkommen zu heißen.

Die Engel fassen einander an den Händen und bilden einen lichtvollen Kreis. Sie bitten dich, gemeinsam mit deinem Kind in den Kreis zu treten.Du bemerkst erstaunt, dass die Seele deines Kindes genauso groß, hell und strahlend ist wie deine Seele.

Die Engel verneigen sich vor Euch. Ohne dass sie ein Wort zu Euch sprechen, vernimmst du ihre Botschaft:

„Wir Engel ehren und lieben Euch. Ihr seid zwei gleichwertige Seelen, die vor langer Zeit beschlossen haben, ein Stück des Weges gemeinsam zu gehen, einander zu schätzen und zu achten, voneinander zu lernen.

Nun ist die Zeit gekommen, da dies geschehen darf. Du Seele, die du als Mutter / als Vater / gekommen bist, übernimm die Verantwortung für diese Seele, bis sie selbst bereit und in der Lage ist, ihr Leben alleine zu meistern.

Du Seele, die du als Kind gekommen bist, lehre deine Mutter, deinen Vater, die Weisheiten des Herzens. Lehre sie, das Leben mit den Augen eines Kindes zu sehen, öffne ihr Herz für die geistige Welt, die Engelwelt, aus der du gekommen bist.

Wir Engel werden Euch begleiten, beschützen und helfen, so gut wir nur können. Dennoch wird es Situationen geben, die ihr alleine bewältigen müsst. Doch bleiben wir immer an eurer Seite."

Spüre, wie Euch die Engel mit ihren Flügeln umfangen. Genieße ihre Liebe und die Geborgenheit, die sie dir und deinem Kind schenken.

Bedanke dich bei den Engeln, die so zahlreich zu Euch gekommen sind. Genieße noch ein wenig ihre lichtvollen Energien.

Bedanke dich bei der Seele deines Kindes. Ein gemeinsamer Weg, eine gemeinsame Reise durchs Leben liegt vor euch.

Kehre nun langsam zurück in die Gegenwart. Nimm ganz bewusst deinen Körper wahr. Recke und strecke dich ein wenig, und in einem Augenblick, der dir angenehm ist, öffne wieder deine Augen.

Aufarbeitung von Schwangerschaft und Geburt mit Hilfen aus der Engelwelt

Engelhilfe für Energiearbeit: Engelsymbole und Engel-Therapie-Symbole

Wenn ich im Folgenden von Engelsymbolen spreche, dann meine ich sowohl die Engelsymbole 1 – 49, die in meinem ersten Buch „Heilende Engelsymbole" vorgestellt wurden, als auch die Engel-Therapie-Symbole, die im Buch „Heilen mit Engel-Therapie-Symbolen" beschrieben werden. Beiden gemeinsam ist, dass sie ein großartiges Geschenk der Engelwelt darstellen. Sie wurden im Auftrag der Engel durch mich hervorgebracht.

Was sind nun Engelsymbole? Ihrem Geheimnis kommt man am besten auf die Spur, wenn man sie mit einer CD vergleicht. Eine CD ist ein Tonträger, ein Datenträger sozusagen. Engelsymbole sind ebenfalls Datenträger – auf ihnen sind die feinstofflichen Heilenergien der Engelwelt abgespeichert. Ohne diese Energien wären die Symbole nur sehr begrenzt wirksam! Darüber hinaus wirken sie noch über die Farb- und Symbolschwingung.

Wichtig ist auch zu wissen, dass die Engelsymbole permanent von der Engelwelt „nachgeladen" werden, das heißt, ihre Energie erschöpft sich nicht. Egal, wie oft Sie die Symbole verwenden, sie verlieren nicht an Wirkung. Sie werden auch von der Engelwelt energetisch geschützt und versiegelt, das heißt, es können keine negativen, belastenden Energien in das Symbol hinein. Das würde die Engelwelt einfach nicht zulassen!

Engelsymbole können auch nicht missbräuchlich verwendet werden. Sollte jemand auf die Idee kommen, die Symbole manipulativ zu verwenden, würde die Energie durch die Engel sofort abgezogen werden.

Einsatz und Wirkung

Engelsymbole (und natürlich auch Engelessenzen und -öle) sind vielseitig einsetzbar. Sie beschleunigen Heilungsprozesse, fördern die Selbsterkenntnis – als Teil des Heilungsprozesses – und unterstützen uns, Krankheiten als Chance zu begreifen und anzunehmen. Angenehmerweise helfen sie, Probleme „schichtweise" für den Heilungsprozess aufzubereiten und Stück für Stück abzutragen. Darüber hinaus verstärken sie den Zugang zur Engelwelt, erhöhen die Wahrnehmung von Engeln und unterstützen die spirituelle Entwicklung. Ja, sie erwecken angelegte Fähigkeiten auf der spirituellen Ebene, wie z. B. Hellsehen, Hellfühlen, Telepathie u.a.

„Am stärksten wirken die Symbole am und in der Nähe des Körpers", ließ mich die Engelwelt wissen. Sie sind in erster Linie für den Gebrauch am Körper gedacht. Und für die Heilung des feinstofflichen Körpers. Das heißt jetzt nicht, dass die Engelsymbole nicht auch Engelenergien in Wohnräume bringen. Sie können sehr wohl Räume beleben und aktivieren. Aber für die Entstörung von Wasseradern oder geomantischen Störfeldern sind sie von der Engelwelt nicht vorgesehen.

Es gibt bestimmte Punkte am Körper, auf denen die Symbole besonders starke Wirkung zeigen. Dies sind alle Chakren, die Nebenchakren und die Thymusdrüse. In der Praxis hat sich gezeigt, dass es keinen Unterschied macht, welche Seite des Symbols direkt am Körper liegt. Ja, es kommt nicht einmal darauf an, die Symbole punktgenau zu legen. Hellsichtige Menschen beobachten immer wieder, dass sich die Energien ihren Weg durch den (fein)stofflichen Körper bahnen. Je genauer wir allerdings die Symbole platzieren, umso kürzer ist der Weg, den die Energie zu fließen hat!

Dass man mit den Symbolen auch ganz anders arbei-

Aura-Bild:
Aura vor Anwendung
der Engelsymbols

ten kann, berichtete eine Dame aus Deutschland. Sie schrieb mir, dass sie zu Beginn ihrer Behandlungen vier Symbole auswählen oder ziehen lässt, diese vier Symbole auf die Eckpunkte ihrer Behandlungsliege legt und in dieser Energie, die sich aus den vier Energiesäulen ergibt, arbeitet. Mit großem Erfolg!

Engelsymbole lassen sich auch gut im Alltag einsetzen. Wenn wir Wasser oder Nahrungsmittel energetisieren wollen, legen wir das Symbol darunter. Oft reichen wenige Sekunden und das Wasser oder Nahrungsmittel hat um 50% mehr Lebensenergie! Ein Symbol auf die Windschutzscheibe geklebt schützt uns beim Autofahren. Engelsymbole unter das Kopfkissen gelegt, vermitteln eine wunderbare Geborgenheit und „bearbeiten" uns im Schlaf!

Wenn man noch den Grundsatz „Weniger ist mehr" beherzigt und nicht zu viele Symbole mischt (mehr als fünf Symbole gleichzeitig anzuwenden ist im Regelfall nicht empfehlenswert), kann man eigentlich nichts falsch machen.

Die (eigene) Schwangerschaft und Geburt aufarbeiten

In meiner Praxis als Kinesiologin machte ich die Erfahrung, dass viele Probleme, die Erwachsene bis ins hohe Alter mit sich herumschleppen, ihren Ursprung in der Zeit von Schwangerschaft und Geburt haben. So wies eine hartnäckige Therapieresistenz häufig auf massive, unerlöste Blockaden und Traumata aus der Zeit rund um die Geburt hin. Auch in der Reinkarnationstherapie beginnt man normalerweise in den ersten Therapiesitzungen mit der pränatalen Zeit und arbeitet alles Belastende auf, bevor man sich anderen Zeitabschnitten zuwendet.

Probleme, Schwierigkeiten, Schmerzen, Ängste sind im Unterbewusstsein, in den Körperzellen, in der Aura, in den Chakren abgespeichert. Und

Aura-Bild:
Aura nach Auflegen mehrerer Engelsymbole

wenn sie nie bearbeitet werden, bleiben sie dort ein Leben lang – und darüber hinaus. Durch verschiedene Therapieformen werden diese Blockaden aus den unterschiedlichen Ebenen heraufgeholt und angesehen. Oder – im Idealfall – bearbeitet und aufgelöst.

Mit Hilfe von Engelsymbolen, Essenzen und Ölen kann man belastende Erfahrungen aus der Aura, dem feinstofflichen Körper herauslöschen. Das geschieht idealerweise während bzw. unmittelbar in der Zeit nach Schwangerschaft und Geburt. Dafür gibt es drei Möglichkeiten:

↘
Meditationen mit den Symbolen (Schwangerschafts-, Geburts-, Operations- oder andere Symbole am Körper auflegen und zu Entspannungsmusik meditieren – von Zeit zu Zeit wiederholen)

↘
Anwendung der Essenzen und Öle durch Einnehmen oder Auftragen

↘
Kombination von Symbolen oder Essenzen oder Ölen mit energetischen und / oder therapeutischen Sitzungen

Die Engelwelt stellt uns Hilfsmittel zur Verfügung, deren Anwendung ganz einfach ist. So einfach, dass viele nicht glauben können, dass das wirkt. Aber es wirkt!

Interviews

„Du mit deinen Zaubermitteln!"

Maja, Sie sind Hebamme. Arbeiten Sie in einem Krankenhaus oder sind Sie „mobile" Hebamme?

 Ich arbeite seit 18 Jahren in einem ländlichen Krankenhaus in der Schweiz. Dort haben wir normalerweise bis zu 600 Geburten im Jahr. Nur letztes Jahr hatten wir einen Geburtenrückgang auf etwa 500 Geburten.

Was war für Sie ausschlaggebend, die Engel, Engelsymbole und Engelessenzen in Ihre Arbeit mit Babys und Müttern mit einzubeziehen?

 Im Oktober 2002 war ich in Kirchberg bei einem älteren Ehepaar, das ein schönes Seminarzentrum hat und Kurse mit einem sehr breiten Spektrum anbietet. Da ich einmal etwas Neues kennen lernen wollte, buchte ich ein Engelseminar mit Ingrid Auer. Und so bin ich auf die Arbeit mit Engelsymbolen und Engelessenzen gestoßen.

Im schulmedizinischen Bereich ist die Anwendung von Engelprodukten nicht besonders geläufig. Wie reagieren Ihre Kolleginnen und die Ärzte darauf? Wissen die Bescheid?

 Ich wollte im Team damit arbeiten, aber es waren nicht alle offen und zugänglich dafür. Nach dem Seminar bei Ingrid Auer habe ich dem Chefarzt davon erzählt und ihm gesagt, dass ich die Engelessenzen gerne anwenden möchte. Seine Reaktion war, dass das Team einverstanden sein sollte. Das Team hatte nichts dagegen, und wer mit den Engelessenzen arbeiten möchte, kann sie nehmen und anwenden. Der Arzt selbst weiß nicht im Detail, wann und wie ich die Essenzen und Öle anwende, aber er ist soweit informiert.

Machen manche Ihrer Kolleginnen und Kollegen Gebrauch von dem Angebot, Engelprodukte und Engel mit einzubeziehen?

Ja, im Gebärsaal werden die Sprays schon benützt, auch die Wochenbettschwestern arbeiten damit und bei Schreibabys finden sie gerne Anwendung.

Ich habe auch begonnen, die Engel-Therapie-Symbole anzuwenden. Es ist nicht immer einfach, die Symbole einzusetzen, weil ich oft von einer Frau zur anderen springen muss. In diesem Bereich arbeite ich noch aus dem Kopf heraus, aber ich möchte mich mehr auf meinen Bauch verlassen, um zu spüren, welches Symbol richtig ist.

Welche Essenzen und Öle verwenden Sie besonders gerne und besonders häufig?

 Oft gebe ich den Frauen Essenzen in einem Glas mit Wasser zu trinken. Für die Geburt selbst wende ich „Vaniel" (Engel-Kombi-Essenz bzw. Öl No. 18) gerne an, ich gebe den Frauen aber auch häufig die „Körperliche Notfalls-Essenz" (Engel-Kombi-Essenz No. 01 | Lariel) mit, und bei belastenden Schwangerschaften die No. 17 (Engel-Kombi-Essenz „Muriel" | Schwangerschaft).

Die Aurasprays „Chamuel", „Gabriel" und „Michael" kommen jedenfalls im Gebärsaal zum Einsatz, um eine gute Atmosphäre zu schaffen! Eine Schülerin hat nach erfolgreichen Anwendungen anerkennend „Du mit deinen Zaubermitteln!" zu mir gesagt!

Die Übertragungskarte[22] habe ich in der letzten Zeit sehr viel eingesetzt. Ich habe sie neben der Gebärenden liegen. Damit kann ich die Engelsymbole verwenden, ohne sie auf den Körper der Frau zu legen. Das finde ich sehr praktisch und zweckmäßig.

Sie wenden die Engelessenzen und Engelöle in Ihrer Arbeit an. „Arbeiten" diese auch mit Ihnen? Hat sich an Ihnen seither etwas verändert?

 Der Einfluss der Engelsymbole und Engelessenzen macht sich vor allem in der Begegnung mit den Frauen bemerkbar. Die Engelhilfen beeinflussen mein Handeln und meine Einstellung, ich bin viel offener geworden.

Können Sie mit den schwangeren Frauen über Engel und Enge-

[22] Die Übertragungskarte finden Sie auf Seite 171 und unter www.engelsymbole.com (pdf-download).

lessenzen etc. sprechen oder wissen nur sehr wenige darüber Bescheid?

Die Frauen melden sich in der Schwangerschaft bei mir zu einer Behandlung an, um sich massieren zu lassen. Bei auftretenden Anomalien, bei Erbrechen zu Beginn in der Schwangerschaft und in Kombination mit einer Behandlung, wie z.B. Akupunktur, kann ich die Symbole neben dem Massagebett auflegen. Es hängt davon ab, wie ich mit der Frau ins Gespräch komme und welche der angebotenen Behandlungsmöglichkeiten sie wählt.

Seitdem Sie Engel in die Arbeit oder Ihr Leben einbeziehen, sind sicher viele Ereignisse in Erinnerung geblieben, gibt es ein besonderes?

Eine Mutter, die zu mir kann, litt sehr unter einem schweren Verlust. Sie war sehr traurig, da ihr Vater vor kurzem gestorben war. Im Gespräch habe ich gemerkt, dass sie empfänglich für Engel ist, und ich habe ihr Tropfen von einer Engel-Kombi-Essenz zu trinken gegeben. Sie war außerdem sehr interessiert an Unterlagen und dem Engelbuch und hat es am gleichen Tag gekauft. Wenig später erhielt ich eine sehr schöne Rückmeldung von ihr: Ihre Kinder erzählen von Engeln und können auch den verstorbenen Großvater besser loslassen!

Wann und wie kommen Neugeborene in Kontakt mit den himmlischen Helfern?

Besonders in der Nacht, wenn die Babys unruhig sind; manchmal - wegen des Wetters oder der Nahrungsmittel, die stillende Mütter zu sich genommen haben - hilft der Baby-Beruhigungs-Spray (Engel-Aura-Essenz „Baby & Kleinkind | Beruhigung").

Einen Tag nach der Geburt fühlen sich Babys oft so, als würden sie die Geburt noch einmal erleben und haben stundenlange Schreiphasen. Wenn die Mütter zu erschöpft und zu müde sind, übernehmen die Hebammen die Babys. Und dann ist ein warmes Babybad ideal, sie werden dann um den Bauch herum mit einem Engel-Öl eingerieben - oder, wenn es sich um Neugeborene handelt, die Koliken haben - mitsamt den Koliken-Symbolen (Engel-Therapie-Symbole No. 21 | Yerathel) ins Bett gelegt.

Reagieren alle Neugeborenen auf die Engelsymbole und Engelessenzen in ähnlicher Weise oder gibt es auch Babys, die besser darauf ansprechen oder offener sind als andere?

 Es gibt Unterschiede: Manche Kinder reagieren schnell, teilweise brauchen sie länger. Besonders, wenn Mütter während der Schwangerschaft geraucht haben, sind die Babys wie auf Entzug. Da kann es schon mal länger dauern.

Wenn Engel bei Geburten mit einbezogen werden und helfen, sind die Frauen informiert. Leisten die Engel auch still und ohne ihr Wissen Hilfe und Unterstützung?

 Bei 20 bis 30 Prozent der Geburten informiere ich die Mütter, welche Essenzen und Öle ich beispielsweise ins Badewasser tue. Aber manchmal ist keine Zeit für lange Erklärungen und da zählt nur die Wirkung. Wenn wir später die Geburt nachbesprechen und die Frauen erzählen, wie sie die Geburt erlebt haben, erklären wir Hebammen, weshalb wir so und so gehandelt haben und kommen auch oft auf das Thema Engelessenzen und Öle zurück.

Hat sich Ihre Einstellung zu Ihrer Arbeit geändert, seitdem Engel nun im Krankenhaus mithelfen?

 Anfangs hatte ich die Erwartung, die Engelessenzen und Engelöle seien Wundermittel. Sie können aber nicht Medikamente oder die Pathologie ersetzen, und Engel können nicht immer alles zum Guten wenden, wie wir es gerne möchten. Manche Frauen müssen die Geburt oder die Schwangerschaft auf eine bestimmte Art erleben, da es zu ihrem persönlichen Schicksal gehört.

Auf jeden Fall helfen die Essenzen und Öle viel auf anderen Ebenen, die ich vielleicht gar nicht mitbekomme. Und wie gesagt, mir helfen sie bei meiner Einstellung den Frauen gegenüber, ich bin offen und werde positiv unterstützt!

Herzlichen Dank für das Gespräch!

„Das Kind hat die ganze Zeit gelächelt"

Ulli (33), Sie sind Mutter dreier Kinder und bilden daneben Frauen in Baby-Massage aus.

Ja, ich halte Kurse für Mütter und Babys ab. Dabei zeige und erkläre ich den Frauen, wie sie ihre Babys fachgerecht massieren können.

Seit wann bilden Sie Frauen in Babymassage aus?

Seit drei Jahren, davon arbeite ich seit einem dreiviertel Jahr mit den Engelprodukten.

Welche Engelprodukte haben sich bei Ihrer Arbeit am meisten bewährt?

Bevor der Massagekurs beginnt, sprühe ich den Baby-Beruhigungsspray (Engel-Aura-Essenz „Baby & Kleinkind | Beruhigung"). Die Kleinen sind dann ganz wach und aufmerksam, sie schauen ganz interessiert über die Köpfe ihrer Mütter hinweg, und ich bin überzeugt, dass sie die Engel sehen. Wenn Babys Koliken haben, verwende ich das „Yerathel"-Öl (Engel-Kombi-Öl No. 21).

Arbeiten die Mütter mit den Engeln und ihren Hilfsmitteln zu Hause weiter?

Die Mütter kennen ihre Babys, sie wissen und fühlen, was diese brauchen oder was ihnen gut tut. So verwenden sie sehr gerne das „Norael"-Öl (Engel-Kombi-Öl No. 26) und den Baby-Beruhigungsspray (Engel-Aura-Essenz „Baby & Kleinkind | Beruhigung"), wenn sie unruhig sind oder nicht gut schlafen, und „Vaniel" (Engel-Kombi-Öl No. 18) nach der Geburt. Andere wiederum schwören auf „Yerathel" (Engel-Kombi-Öl No. 21), wenn die Kinder Koliken haben.

Bekannterweise verursachen ja gewisse Nahrungsmittel Blähungen bei den Babys. Da verwenden die Mütter für sich selbst - zusätzlich zum „Yerathel"-Öl - noch die Essenz oder das Öl „Nithael" (Engel-Kombi-Essenz / Engel-Kombi-Öl No. 10 | Unverträglichkeiten).

Bei Ängsten verwenden die Mütter gern den Baby- und Kleinkinder Beruhigungsspray. Bei Schreibabys hilft „Norael" (Engel-Kombi-Öl No. 26), der Beruhigungsspray oder auch die Energie von Erzengel Chamuel (Engel-Aura-Essenz „Erzengel Chamuel").

Welche Vorteile haben die Öle oder die Aura-Essenzen?

Das Engel-Kombi-Öl wirkt beim Massieren bei Mutter und Kind: Beim Kind über die Chakren und die Haut, und die Mutter nimmt die Energie der Öle beim Massieren über ihr Handchakra auf.

Wie entscheiden Mütter, welche Engel-Essenzen sie anwenden möchten?

Die Mütter spüren das für ihre Babys am besten, da sie die Schwingung von den Kindern aufnehmen. Diejenigen unter den Müttern, die mit Pendel, Muskeltest oder Biotensor umgehen können, testen selber aus, was sie oder ihre Babys benötigen.

Welche Reaktionen und Rückmeldungen bekommen Sie von den Müttern, die Engel-Essenzen oder Engelöle unterstützend anwenden?

Sie sind begeistert. Sie sehen, dass ihre Babys sehr rasch und sehr positiv auf die Engelsprays und Engelöle reagieren. Auch sie selber merken, dass es ihnen besser geht! Die absoluten Renner sind der Beruhigungsspray (Engel-Aura-Essenz „Baby & Kleinkind-Beruhigung"), das Baby-Notfallöl „Norael" – dieses wirkt ähnlich wie Notfalltropfen, und „Yerathel" für Koliken.

Spüren oder merken Sie einen Unterschied oder eine Veränderung in Ihrer Arbeit, seitdem Sie die Engelprodukte anwenden?

Ich beobachte, dass selbst die ganz kleinen Babys die neue, ungewohnte Umgebung problemlos und angstfrei aufnehmen. Die Mütter sind total überrascht und begeistert, dass die Kinder sich heimelig fühlen und keine Angst zeigen.

Haben Sie eine besondere Erinnerung oder Erfahrung, die Sie mir erzählen möchten?

Ja, eine Mutter kam und erzählte mir, ihr Baby hätte beim Babyschwimmen nur gebrüllt. Sie war deshalb der Babymassage gegenüber sehr skeptisch eingestellt und hat gleich zu Beginn gemeint: „Meinem Kind gefällt das sicher nicht. Sollte mein Kind brüllen, breche ich die Massage sofort ab!" Ich antwortete: „Kein Problem! Wenn es nicht will, dann kannst du ja aufhören." Da ich vorher den Baby-Beruhigungsspray verwendet hatte, blieb das Gebrüll aus, und – das Kind hat die ganze Zeit über gelächelt.

Vielen Dank für Ihren Beitrag!

„Es ist wie ‚Engel-Babymassage' "

Helga (54), Sie arbeiten mit Kindern und Erwachsenen nach der Bowtech-Therapie-Methode. Erklären Sie mir doch bitte, worum es dabei geht.

Bowtech ist eine Grifftechnik, die in Australien entwickelt wurde und die nun auch in Europa praktiziert wird. Sie unterstützt den Körper in seinem Selbstheilungsprozess, entspannt, entsäuert und entgiftet. Diese Griffe – richtig eingesetzt – bringen den Körper in eine harmonische Schwingung, die das autonome Nervensystem, welches 97% aller Körperfunktionen kontrolliert, ausbalanciert. Diese Schwingung löst Blockaden im Körper.

Und das wird auch bei Babys angewendet?

Ja, mit großem Erfolg sogar. Bei Babys verwendet man allerdings nur vier bis sechs Griffe.

Seit wann arbeiten Sie mit dieser Technik?

Diese Technik gibt es seit fünf Jahren in Österreich. Während des ersten Jahres habe ich bereits die Ausbildung gemacht und seit vier Jahren arbeite ich selbstständig mit dieser Technik.

Gibt es eine spezielle Zielgruppe für diese Technik?

Nein, sie ist anwendbar vom Baby bis zum Greis. Zu mir kommen gerne schwangere Frauen, die sich behandeln lassen. Körper, Geist und Seele werden davon berührt. Dabei wird das ungeborene Kind gleich mitbehandelt. Nach der Geburt lässt sich ein möglicher Geburtsschock mit einigen Griffen auflösen.

Sie haben vor einiger Zeit bei Ingrid Auer Ausbildungen besucht. Setzen Sie die Engelessenzen auch in Ihrer Praxis ein?

 Ja, mit großem Erfolg! Die Engelprodukte unterstützen die Bowtech Therapie in ihrer Wirkung. Sie gehen Hand in Hand und helfen, die seelischen Ursachen von Krankheiten aufzuarbeiten. Das Grundübel, der seelische Zustand, der die Krankheit ausgelöst hat, wird dabei aufgedeckt und an die Oberfläche gebracht. Manche Klienten erzählen von Träumen und davon, dass während der Therapie ihr Leben oft wie ein Film vor ihnen abläuft.

Sie verwenden manchmal die Engel-Aura-Essenzen im Praxisraum, bevor die Mütter mit ihren Kindern zu Ihnen kommen?

 Ja, natürlich. Die Mütter bemerken, dass die Kinder gleich ruhiger werden, und wissen nicht, warum. Die Kinder arbeiten Erlebnisse leichter auf und beginnen, von ihren Träumen zu erzählen.

Welche Engelessenzen oder Engelöle verwenden Sie in Ihrer Arbeit mit Babys und Kleinkindern?

 Wenn Kinder Blähungen haben und weinen, verwende ich beispielsweise das Kinder-Notfallöl (Engel-Kombi-Öl No. 03 | Hariel), bei Schreibabys das Baby und Kleinkind-Notfallöl (Engel-Kombi-Öl No. 26 | Norael). Wenn Babys im Behandlungsraum weinen, dann verwende ich den Beruhigungsspray (Engel-Aura-Essenz Baby & Kleinkind | Beruhigung). Sie werden sofort ruhiger. Manche Mütter sagen: „Es ist wie „Engel-Babymassage"

Wie reagieren die Mütter auf diese Essenzen? Für die meisten von ihnen werden diese Hilfsmittel ja noch Neuland sein.

 Die meisten Mütter staunen über die Wirksamkeit der Engel-Produkte. Sie probieren dann oft die Engel-Aura-Essenzen zu Hause aus, wenn ihre Kinder schwer einschlafen, oft aufwachen oder schlecht träumen.

Ein Mädchen aus meiner Praxis ist besonders empfänglich für die Engel-Essenzen und Engel-Öle. Sie verwendet das Kinderöl (Engel-Kombi-Öl No. 3 | Hariel), obwohl sie schon elf Jahre alt ist. Damit löst sie Schocks und Ängste aus ihrer früheren Kindheit auf.

Vielen Dank für das Gespräch!

„Es wirkt!"

Eva (54), Sie arbeiten als Kinderkrankenschwester in einem österreichischen Krankenhaus und sind täglich von Schulmedizinern, Medikamenten, technischen Einrichtungen etc. umgeben. Wo finden da Engel Platz in Ihrem Leben?

 Hauptsächlich im Nachtdienst kann ich mich etwas entfalten, da Ärzte und Kolleginnen dann nicht so präsent sind. Tagsüber kann ich bei der Pflege und im Rahmen der Babymassage die Öle einbringen. Die Mütter befürworten die Dinge, die ihren Babys gut tun und eine „Spezialmassage" wird immer gerne angenommen.

Wie haben Sie die Engelwelt für sich entdeckt? Gab es da ein einschneidendes Erlebnis oder kam das langsam?

 Der Schutzengel meiner damals eineinhalbjährigen Tochter war es wohl, der mich rief, als sie am offenen Fenster stand und bereits einen Fuß nahe der Fensterbank hatte. Da wusste ich, da ist jemand oder etwas. Später, als es wieder etwas ruhiger in meinem Leben wurde, fing ich an mich zu erinnern, und dann waren sie plötzlich alle wieder da: meine Mitarbeiter, mein spirituelles „Unterstützungsteam", meine „Hallo-Ihr-Lieben" – nur „Engel" hießen sie nie. Irgendwann fing ich an, mit diesen Wesen zu kommunizieren und zu experimentieren und es klappte immer wieder, dass kleine Aufträge prompt erfüllt wurden.

Können Sie im Krankenhaus über Engel sprechen oder ist das ein Thema, über das man besser schweigt?

Mit einigen Kolleginnen geht das ganz prima, und ich erkenne inzwischen auch jene Mütter aus der gesamten Mütterschar, die für dieses Thema zugänglich sind. Diejenigen, die davon nichts halten (oder bei denen der Zeitpunkt einfach noch nicht passt), werden erst gar nicht informiert. Es ist für mich so etwas Schönes, dass ich deshalb ganz behutsam damit umgehe, und wer Infos braucht, wird mich auch finden.

Dennoch haben die Engel samt ihren Energien ganz heimlich, still und leise den Weg über Sie ins Krankenhaus angetreten. Welche Essenzen und Öle haben Sie bisher verwendet?

Das Öl No. 21 (Yerathel / Neugeborenen-Koliken) ist das meistgebrauchte Öl, da die meisten Neugeborenen Probleme mit der Ausscheidung bzw. Verdauung haben. Das Öl No. 20 (Rakael / Neugeborene) verwende ich für Kaiserschnitt- und Vakuum-Kinder. Eine Saugglockengeburt bedeutet massiven Stress, von dem sich die Neugeborenen lange nicht erholen. Das Öl No. 26 (Norael / Baby- und Kleinkind-Notfälle) benutze ich, wenn keine eindeutige „Diagnose" feststellbar ist. Und das Öl bzw. die Essenz No. 19 (Mykael / Wochenbett & Stillen) hat bei Müttern mit Erfolgszwang sehr gut geholfen.

Was war dabei Ihr eindrucksvollstes Erlebnis?

„Yerathel" hilft sofort, wenn die Verdauung Probleme macht. Es ist einfach wunderbar, wie alles wirkt. Faszinierend für mich ist vor allem die Tatsache, dass es mir dabei auch so gut geht. Egal, welches Öl ich benutze bzw. an den Kindern anwende, ich fühle mich ausgeglichen und liebevoll. Indem ich die Engelsenergie weitergeben kann, ist für mich alles gut. Von der ausgeglichenen Kinderschwester profitieren wiederum Mutter und Kind.

Sie haben auch schon die Engel-Aura-Essenz „Baby & Kleinkind / Beruhigung" ausprobiert. Wie haben die Kinder darauf reagiert?

Diesen Spray habe ich unserem Physio-Therapeuten gegeben und der hat mir ganz unspektakulär gesagt: „Es wirkt!"

Glauben Sie, dass man bereits während der Schwangerschaft mit Hilfe dieser Engelsenergien den Babys zu einem besseren Start ins irdische Leben verhelfen könnte?

Unbedingt!

Was macht Sie im Umgang mit „Ihren" Babys ganz besonders glücklich?

Ein neugeborenes Kind ist ein so wunderbares reines Wesen, dessen große Seele in diesen kleinen Körper hinein muss. Das schafft sehr oft Diskrepanz. Dann rede ich mit ihm und bin sicher, dass es mich versteht. Es lauscht ganz aufmerksam und schaut mit großen Augen. Der wichtigste Satz, finde ich, ist gleich nach dem „Willkommen bei uns!" – „Du bist sehr wichtig!"

Glauben Sie, sind auch Ärzte und Hebammen bereit, die Engelessenzen und Öle in ihre Arbeit miteinzubeziehen?

Ja! Jedoch sind alternative Methoden wie Homöopathie, Cranio Sacral Therapie, Bachblüten, Schüßler Salze etc. nicht einfach einzubringen. Von Ärzten kann ich nichts sagen, die Hebammen sind sicher nicht abgeneigt. Einige von ihnen zumindest machen beispielsweise Aromatherapie.

Im Grunde bin ich schon froh, wenn Ärzte und Hebammen nichts dagegen haben, wenn ich die Engel-Baby-Öle anwende. So wie einst die Bachblüten belächelt wurden und dann doch verwendet werden durften, wird es mit den Ölen und Essenzen auch einmal werden.

Vielen Dank für das Gespräch!

Anhang

Aura und Chakren - kurz erklärt

Im Universum existiert ein Naturgesetz, das besagt, dass keine Energie verloren gehen kann. Bestes Beispiel hierfür ist die Aura. Wir können sie mit einer riesigen Datenbank vergleichen, in der alle Erfahrungen und Emotionen, egal ob positiv oder negativ, gespeichert werden. Selbst wenn unser Erinnerungsvermögen nicht mehr funktioniert - im Zellgedächtnis unseres Körpers und in der Aura ist alles enthalten, sogar Erfahrungen, die weit in frühere Leben zurückreichen.

Wir sollten uns immer wieder in Erinnerung rufen, dass eine dauerhafte Heilung oder Veränderung nur über die feinstofflichen Körper eines Menschen möglich ist.

Dabei gehen wir von den unteren sieben feinstofflichen Hüllen oder Auraschichten aus, die den Körper eines Menschen umschließen. Es gibt aber viel mehr, von denen wir Menschen derzeit nur eine Ahnung, aber kein genaueres Wissen haben.

Bleiben wir bis auf weiteres bei der Zahl sieben und lassen Sie mich gleich zu Anfang den am meisten verbreiteten Irrtum die Aura betreffend ausräumen: Die sieben Auraschichten sind nicht mit Zwiebelschichten zu vergleichen! Sie sind nicht aneinander, sondern ineinander gereiht. Sie überlappen einander, und die äußeren haben eine höhere Schwingungsfrequenz als die inneren.

Sind die feinstofflichen Körper stark entwickelt und gesund, kann man ein ausgeglichenes, erfülltes, gesundes Leben führen. Ist die Aura in einem Bereich aber schwach oder verletzt, dann besteht die Schwierigkeit, notwendige Erfahrungen - die dieser Ebene zugeordnet werden - zu integrieren und zu leben. Krankheiten zeichnen sich immer zuerst in der Aura ab, bevor sie am grobstofflichen Körper des Menschen sichtbar werden.

Jede Aura-Schicht sieht anders aus und hat eine ganz spezifische Funktion. Vereinfacht dargestellt könnte man sagen, sie ist jeweils mit einem bestimmten Chakra verbunden. So ist zum Beispiel der erste feinstoffliche Körper mit dem Wurzelchakra verbunden, der zweite Körper mit dem Sexualchakra usw. Die vier untersten Schichten sind die „dichtesten" Körper, die drei oberen sind kaum mehr wahrnehmbar. Verbunden sind alle Chakren durch einen vertikalen Energiestrom entlang der Wirbelsäule, der über die Grenzen des physischen Körpers am Scheitel und am Steißbein hinausgeht. Dort hinein entladen die Chakren ihre Energie, die sie aus dem universellen Lebensenergiefeld aufnehmen. Wie breit der Kanal ist, hängt von der spirituellen Entwicklung des Menschen ab. Bei den meisten ist er etwa zweieinhalb Zentimeter breit, kann jedoch bis zu fünfzehn Zentimeter breit werden!

Die sieben Haupt-Chakren im Überblick

Chakren sind Energiewirbel, die wie Trichter oder Blütenkelche aussehen. Genau genommen bestehen sie aus verdichteter Energie, die wiederum Energie anzieht, sie verändert und verwandelt. Somit wirken sie wie Magnete, die - je stärker sie aufgeladen sind - umso mehr Energie anziehen.

Chakren sind die Energiezentren unserer feinstofflichen Körper und gleichzeitig Empfänger und Transformatoren kosmischer Energien. Sie haben unterschiedliche Formen, Farben, Funktionen und Schwingungsfrequenzen. Jedes Chakra ist mit einem bestimmten Organ energetisch verbunden, wodurch eine direkte Verbindung zum grobstofflichen Körper besteht. Untereinander sind die Chakren ebenfalls verwoben, ja - eines könnte ohne das andere nicht voll funktionieren.

Das ist wichtig: Wenn nur ein Chakra nicht harmonisch schwingt, hat dies Auswirkung auf alle anderen Chakren. Und auf die damit verbundenen Organe.

Ist zum Beispiel ein Chakra geschwächt, weil es verklebt ist, kommt nur noch soviel Energie hinein, wie der Mensch gerade zum Überleben braucht. Die Körperorgane, die von diesem Chakra versorgt werden, werden dadurch unterversorgt. Bleibt diese Störung nun über einen längeren Zeitraum bestehen, wirkt sich das negativ in Form von Schwäche, geschwächtem Immunsystem und letztendlich in Form von Krankheit aus. In diesem Zusammenhang möchte ich darauf hinweisen, dass Menschen mit geschwächten Chakren manipulierbar sind und auch selbst manipulieren. (Hier finden sich etliche Energieräuber, die von der Energie anderer Menschen zehren!) Umgekehrt: Kein Mensch mit einem harmonischen Chakrensystem würde jemals andere für seine eigenen Interessen ausbeuten oder missbrauchen!

Die wichtigsten Funktionen der Chakren sind

↘

die Belebung aller feinstofflichen Körper und auch des physischen Körpers

↘

die Entwicklung seelisch-psychischer Eigenschaften (z.B. Herzchakra - Liebesfähigkeit) und

↘

die Energieübertragung zwischen den feinstofflichen Körpern.

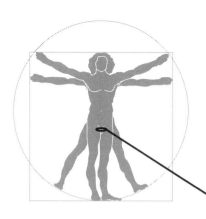

Die sieben Hauptchakren

Erstes Chakra – Wurzel-Chakra,

auch Basischakra genannt, sitzt am Ende der Wirbelsäule, genauer gesagt am Ende des Steißbeins, und ist der Erde hin zugewandt. Es dreht sich gemächlich und nimmt nicht nur kosmische Energie, sondern im Speziellen Erdenergie auf und verbindet den Menschen damit. Ohne dieses Chakra könnte man in einem menschlichen Körper auf der Erde nicht existieren. Die klassische Farbzuordnung dieses Chakras im Emotionalkörper ist rot.

Ist das Chakra ausgeglichen, ist der Mensch geerdet, gesund, zentriert, voll Lebenskraft, lebensbejahend, vital, kraftvoll, sinnlich und zärtlich. Überenergien zeigen sich in Dominanz, Egoismus, Gier (auch nach Sex). Ist das Chakra schwach, besteht eine Unterenergie. Der Mensch ist unsicher, unschlüssig, neigt zu destruktivem Verhalten, hat wenig Interesse an Sexualität und kann im Extremfall selbstmordgefährdet sein.

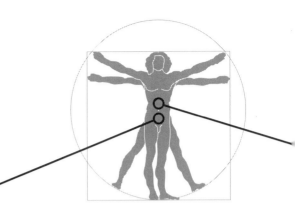

Zweites Chakra – Sakral-Chakra,

auch Sexual- oder Milzchakra genannt, ist eigentlich ein Chakrenpaar und sitzt zwischen den Hüftknochen im Unterbauch. Es dreht sich schneller und leichter als das erste Chakra. Die klassische Farbzuordnung dieses Chakras im Emotionalkörper ist orange.

Das Chakra, das nach vorne geöffnet ist, steht im Zusammenhang mit der Qualität der Sexualenergie eines Menschen, das nach hinten geöffnete Chakra mit der Quantität der Sexualenergie. Beide zusammen unterstützen die Lebenskraft einer sexuellen Vereinigung. Beim Orgasmus entlädt sich das Chakrenpaar, die dabei entstandene Energie revitalisiert und reinigt den Körper von „Energieverstopfungen" und Spannungen. Ganz wichtig ist die Verbindung des zweiten mit dem vierten Chakra, dem Herzchakra. Fehlt sie, kann dies zu Perversionen im Sexualleben führen.

Menschen, die ein ausgeglichenes zweites Chakra haben, sind selbstbewusst, humorvoll, umsichtig, freundlich, um andere liebevoll besorgt, selbstsicher und können ihre eigenen Wünsche und Gefühle gut erkennen und ausdrücken. Überenergie zeigt sich im aufbrausenden, aggressiven, manipulativen, egoistischen, sexuell fordernden Verhalten. Unsicher, übersensibel, ärgerlich und unausgeglichen fühlt sich, wer zu wenig Energie im zweiten Chakra hat.

Drittes Chakra – Solarplexus-Chakra

Dieses befindet sich oberhalb des Nabels zwischen den auslaufenden Rippenbögen und dreht sich noch schneller als die ersten beiden Chakren. Auch der Solarplexus besteht aus einem Chakrenpaar. Neben kosmischer Energie wird Sonnenenergie angezogen. Diese stellt neben der Zufuhr von Erdenergie eine weitere Verankerung des Menschen auf dem Planeten Erde dar. Die klassische Farbzuordnung dieses Chakras im Emotionalkörper ist gelb.

Das dritte Chakra ist stark mit der emotionalen Ebene des Menschen verbunden, gleichzeitig ist es der Speicherplatz von Emotionen und Ängsten aus früheren Leben. Diese Verhaltensmuster sind sehr tief verwurzelt und führen oftmals ein Eigenleben. Richtig frei lebt man erst, wenn man sie aufgelöst hat.

Das Solarplexus-Chakra auf der Körpervorderseite steht in Zusammenhang mit tiefer innerer Freude und dem Gefühl der Einzigartigkeit unseres Seins: das Solarplexus-Chakra auf der Rückseite des Körpers steht in Zusammenhang mit dem Willen zur körperlichen Gesundheit und der Fähigkeit, spirituell zu heilen.

Wer im dritten Chakra ausgeglichen ist, selbstbewusst lebt, fröhlich und extrovertiert ist, kann sich und seine Fähigkeiten gut einschätzen. Er ist aufgeschlossen, interessiert, liebt Sport, kennt seine Kraft und Macht ohne sie zu missbrauchen und kann emotionale Wärme geben. Überenergie zeigt sich in einer (be)wertenden, verurteilenden, perfektionistischen, fordernden Haltung, im Hang zu Süchten und Abhängigkeiten. Das Gegenteil - Unterenergie - erzeugt in etwa die gleichen Verhaltensweisen wie etwaige Unterenergie im zweiten Chakra.

Viertes Chakra – Herzchakra

Das vierte Chakra befindet sich in der Mitte des Brustkorbes, auf der Vorder- und Rückseite des Körpers, etwa in Höhe des physischen Herzens. Die klassische Farbzuordnung dieses Chakras im Emotionalkörper ist rosa-grün.

Das vordere Herzchakra schenkt uns die Liebesfähigkeit, das hintere befähigt uns, unseren eigenen Willen in Übereinstimmung mit dem Göttlichen Willen zu leben. Dieses Chakrenpaar hat eine zentrale Schlüsselfunktion. Es beeinflusst alle anderen Chakren und steht mit ihnen in Verbindung. Im Idealfall ist es weit offen und kennt keine Begrenzung.

„Verliebtsein" ist beispielsweise eine kurzfristige, oft überraschende Öffnung des Herzchakras. Diese überwältigenden Gefühle halten leider nicht ewig an, man kehrt in seine gewohnte Begrenzung zurück. Angst vor Zurückweisung, Blöße, Verletzung und falsch verstandenes Sicherheitsdenken sind Gründe, sein Herzchakra wieder zu verschließen.

Gefühlvoll, ausgeglichen und verständnisvoll ist, wer genug Energie im Herzchakra hat. Er ist auch hilfsbereit, freundlich und optimistisch. Wer hingegen zu viel Energie hat, kann launisch, melodramatisch, fordernd, verurteilend und manipulativ sein. Wer zu wenig Energie im Herzchakra hat, ist oft unentschlossen, unfrei, voller Selbstmitleid, hat panische Angst vor Ablehnung, fühlt sich unwürdig geliebt zu werden, kann Hilfe nicht annehmen und sucht sie auch nicht wirklich.

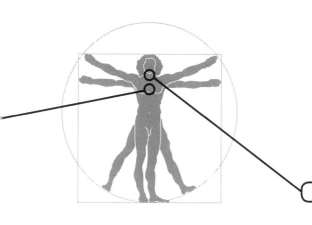

Fünftes Chakra – Kehl-Chakra

Dieses Chakra besteht ebenfalls aus einem Chakrenpaar und befindet sich in etwa auf der Höhe des Kehlkopfes – daher wird es auch Kehlchakra genannt. Die klassische Farbzuordnung dieses Chakras im Emotionalkörper ist hellblau. Es ist stark von den vorhergenannten Chakren abhängig. Schwingt z.B. das dritte Chakra ausgeglichen, tut es auch das fünfte.

Das vordere Kehlchakra steht für die Übernahme von Verantwortung für die eigenen Bedürfnisse, das hintere hängt stark mit dem Selbstbewusstsein zusammen (im Nacken sitzt die Angst vor dem Versagen).

Das fünfte Chakra ermöglicht dem Menschen, sich über das Wort, die Bewegung und die Kunst auszudrücken, wobei es wie eine Sendestation agiert: Es sendet Gefühle aus, empfängt aber auch nonverbale Botschaften. Je höher das Chakra schwingt, desto besser wird gefiltert und erkannt, was wirklich läuft. Ist das Chakra ausgeglichen, ist der Mensch im Regelfall künstlerisch begabt, ausdrucksstark, versiert im Umgang mit Massenkommunikationsmitteln, zufrieden und fantasievoll. Ein Zuviel zeigt sich oft im Reden ohne Unterlass, in Dogmatismus, Selbstgefälligkeit, in der Sucht nach Anerkennung und im Exhibitionismus. Wer zu wenig Energie hat, kann Gedanken nicht in Worte kleiden, ist umständlich, kleinlich, unzuverlässig, manipulativ und kann sich nicht fallen lassen.

Sechstes Chakra – Stirn-Chakra

Dieses Chakra - auch Drittes Auge genannt - befindet sich etwa einen Daumen breit oberhalb der Augenbrauen und existiert wiederum als Chakrenpaar. Die klassische Farbzuordnung dieses Chakras im Emotionalkörper ist indigo-blau.

Über das Dritte Auge kann man sich von der Zeit-Raum-Dimension befreien und Grenzen überschreiten. Wir erhalten Einblick in frühere Inkarnationen und stehen ganz mit unserer Intuition in Verbindung. Alle Fähigkeiten, die bereits im fünften Chakra ausgebildet sind, treten verstärkt und verfeinert im sechsten Chakra auf. Außersinnliche Wahrnehmungen, wie etwa das Sehen von Zukunftsvisionen, Aurasichtigkeit, Astralreisen etc. deuten auf ein erwachtes sechstes Chakra.

Als Schutzfunktion ist dieses Chakra meist versiegelt und darf nur mit großer Behutsamkeit geöffnet werden. Würde man es zu schnell und intensiv öffnen, könnte das große Störungen im Bewusstsein des Menschen hervorrufen. Anders ausgedrückt: Der Mensch würde verrückt werden. Eine ausgeglichene Energie im sechsten Chakra zeigt sich in der Fähigkeit der Telepathie, Aura-und Hellsichtigkeit. Der Mensch hat Einblick in frühere Leben, ist charismatisch und besitzt kosmisches Bewusstsein. Ein Zuviel an Energie macht den Menschen egoistisch, egozentrisch, stolz, dogmatisch, autoritär und manipulativ. Ein Fehlen an Energie macht ihn übersensibel, unsicher, undiszipliniert und verstärkt die Neigung zu Schizophrenie.

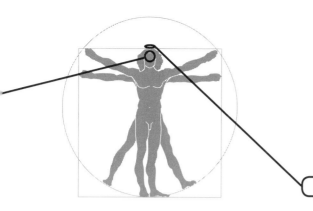

Siebtes Chakra – Kronen-Chakra

Wenige Menschen haben ein geöffnetes Kronenchakra. Meist ist es nur soweit geöffnet, dass gerade eine minimale Energieaufnahme erfolgen kann. Würde ein Mensch nur über das siebente Chakra leben und alle anderen Chakren, besonders das erste und das zweite wären geschlossen, würde er sofort seinen Körper verlassen. Das siebente Chakra zu öffnen ist ein spiritueller Erfahrungsprozess, dem eine schrittweise spirituelle Entwicklung vorausgehen muss. Nur durch Aktivierung der anderen Chakren kann das Kronenchakra schonend aktiviert werden.

Dieses Chakra wird auch Scheitelchakra genannt, befindet sich in der Mitte der Schädeldecke und öffnet sich nach oben. Es ist das Chakra, das den menschlichen Körper mit seiner Spiritualität verbindet. Die klassische Farbzuordnung dieses Chakras im Emotionalkörper ist weiß.

Ist es geöffnet und aktiviert, erscheint es als farbig strahlende Krone aus weißem, fast transparentem Licht. Engel und Heilige (oder Herrscher) wurden früher mit einem Heiligenschein abgebildet, der das geöffnete Kronenchakra symbolisiert.

Heilung der feinstofflichen Körper und Chakren[23]

Engelsymbole arbeiten wie ein Laserstrahl und dringen schichtweise in die Aura ein. Stagnierende Energien werden abgelöst, feinstoffliche Schlacken entfernt. So kann die Aura partiell oder insgesamt gereinigt werden. Darüber hinaus schaffen die Engelsymbole eine enorme Transformationsarbeit - sie laden die Aura auf, indem sie vorhandene Defizite suchen und sie mit ihrer wohltuenden, heilsamen Energie auffüllen. Essenzen haben übrigens die gleiche Wirkung wie die Symbole.

Weiters werden

↘

die feinstofflichen Körper ins Gleichgewicht gebracht

↘

die feinstofflichen Körper und Chakren klarer und durchlässiger

↘

die einzelnen Auraschichten aktiviert

↘

die einzelnen Hüllen der feinstofflichen Körper gestärkt

↘

Schocks und Traumata aus der Aura gelöst sowie alle Heilungsprozesse auf der Aura-Ebene unterstützt.

Heilung auf höchster Ebene

Nun möchte ich Ihnen noch einmal klar vor Augen führen, warum manche Therapien oder Heilansätze nur begrenzt oder gar keine Wirkung zeigen können:

Ein Knochenbruch, der durch einen Unfall auf der physischen Dimension entstanden ist, kann auf dieser Ebene durch Operation wieder geheilt werden (die Schulmedizin setzt im physischen Körper bzw. im Ersten Körper / Ätherkörper an).

Hängt der Knochenbruch mit einer negativen Lebenseinstellung oder negativen Erwartungshaltungen zusammen (Negative Gedanken = Dritter Körper / Mentalkörper), wird der Knochen zwar durch die Heilung im Ätherkörper (Schulmedizin) wieder zusammengefügt, an der Grundeinstellung hat sich aber nichts geändert. Oder anders gesagt: Die Mentalkörper-Ebene, in der die Ursache für den Knochenbruch sitzt, wurde nicht mitbehandelt und nicht geheilt. Die Gefahr einer neuerlichen Verletzung ist dadurch immer noch gegeben.

Wenn nun dieser Knochenbruch geheilt ist (Operation), die negativen Gedankenmuster aufgearbeitet sind (Gesprächstherapie), die Schmerzen aber immer noch nicht abklingen oder es zu einem neuerlichen Unfall kommt, dann ist das Problem feinstofflich noch höher angesiedelt, etwa auf der karmischen Ebene (Siebenter Körper / Kausalkörper). Erst wenn das Karma zum Thema „Knochenbruch" aufgearbeitet ist,

[23] Siehe Seite 157: „Aura und Chakren – kurz erklärt"

kann es in unserem Beispiel zu einer dauerhaften Heilung kommen.

Sie sehen also: Je feinstofflich höher der Heilungsansatz, desto erfolgreicher die Heilungsaussichten. Dies gilt vor allem für Menschen, die „schon alles probiert haben und nichts hat geholfen..." Möglicherweise war der Heilungsansatz auf einer zu niedrigen, feinstofflichen Ebene angesiedelt.

In diesem Zusammenhang erkennen Sie auch, dass die Engelsymbole eine sinnvolle Ergänzung zur schulmedizinischen Arbeit (Erste Ebene) sind.

Die Engelsymbole erreichen grundsätzlich immer alle feinstofflichen Körper des Menschen. Bis sie jedoch durch alle Körper durch sind, kann das manchmal ein wenig dauern. Deshalb ist es in einigen Fällen sinnvoll, die Heilung in den unteren feinstofflichen Körpern, die der Körperebene am nächsten kommen, gleichzeitig verstärkt anzuregen. So wird sich der Heilungsvorgang beschleunigen, wenn zum Beispiel etwa einer Erkältung mit den Engelsymbolen No. 04 | Aniel | Erkältung-Entgiftung-Entschlackung, kombiniert mit Tee und Schüßler-Salzen zu Leibe gerückt wird.

Falls Sie neugierig geworden sind - mehr an Informationen finden Sie in meinen Büchern „Heilende Engelsymbole" und „Heilen mit Engel-Therapie-Symbolen".

Besetzungen, Fremdenergien

Zuletzt wenden wir uns noch kurz einem Thema zu, das mehr und mehr Beachtung finden sollte: Der Existenz von Fremdenergien und Besetzungen. Es gibt bereits umfangreiche Literatur zu diesem Thema. Menschen, die in helfenden, heilenden Berufen arbeiten, sollten diesen Informationen gegenüber offen sein. Wie viel Leid könnte erspart bleiben, wenn man weiß, wie und wo man ansetzen muss, um Betroffenen zu helfen!

Wie im Kapitel über Narkose bereits erwähnt, kann es bei kurzer Bewusstlosigkeit nach einem Schock oder Unfall in einzelnen Fällen zu Besetzungen kommen. Dr. med. Dietrich Klinghardt beschreibt in seinem Buch „Lehrbuch der Psycho-Kinesiologie"[24] einen Fall aus seiner Praxis.

[24] Vgl. „Lehrbuch der Psycho-Kinesiologie". Klinghardt, Dr. med. Dietrich. Freiburg. 1996

„Eine 28jährige Frau wurde von einem meiner Patienten zu mir gebracht. Vor zwei Jahren war ihr die Gallenblase entfernt worden. Als sie damals aus der Narkose aufwachte, stellten ihr Mann und ihre Freunde eine erhebliche Persönlichkeitsveränderung fest: Die Frau, die vorher sehr sanft, liebevoll und gebildet gewesen war, entwickelte seltsame Gewohnheiten. Sie fing bald nach dem chirurgischen Eingriff an zu rauchen und zu trinken, obwohl sie vorher nie geraucht und nur selten Alkohol zu sich genommen hatte. Ihre Stimme klang anders als vorher, war dunkler, rauer, und sie gebrauchte ständig obszöne Ausdrücke. Ihr Sprachverhalten und ihr ganzes Emotionalverhalten waren gröber, unangenehmer und oft unangebracht.

Ihr Ehemann war verzweifelt. In der psychokinesiologischen Behandlung, um die sie selbst gebeten hatte, und durch unsere nachfolgende Abklärung der Ereignisse stellte sich folgendes heraus: Während der Narkose, die für die Gallenblasenoperation notwendig war, hatte sich der Geist dieser Patientin aus dem Körper entfernt. Dies scheint typisch zu sein, wenn Patienten unter Vollnarkose behandelt werden. Nach der Operation wurde sie in den Aufwachraum gefahren und lag dort in einem Bett. Bevor sie aufwachte, d.h. bevor ihr Geist wieder in den Körper eintrat, wurde ein anderer Patient, ein junger Mann, in denselben Aufwachraum gebracht. Dieser Mann war in einen schweren Autounfall verwickelt gewesen und verstarb in der Notfallambulanz. Um auf die gerichtsmedizinische Untersuchung zu warten, wurde der frisch verstorbene Patient in den Aufwachraum gebracht, weil man annahm, dass die Gallenblasen-Patientin nichts davon mitbekäme, denn sie war durch die Narkose schläfrig und benommen.

Der verstorbene Mann war, wie wir später bestätigen konnten, Alkoholiker und bekannt dafür, ständig in Rauferein verwickelt zu sein. Er war ungebildet und unter seinen Freunden bekannt als ordinär, laut, primitiv und unangenehm. Als dieser Mann verstarb, blieb sein Geist noch eine Weile in der Nähe des Körpers. Der Unfall geschah plötzlich und unvorhergesehen, und der Geist hatte nicht richtig mitbekommen, dass der eigene Körper „unbewohnbar„ geworden war. Auf der Suche nach seinem „Zuhause„ begab sich dieser Geist des eben verstorbenen Mannes in den Körper der frisch operierten Frau, deren Geist noch nicht wieder zurückgekehrt war. Sie wachte auf mit der Besetzung ihres Körpers durch den Geist des Mannes, der neben ihr verstorben war.

Es handelte sich aber nicht um eine vollständige Besetzung. Restanteile der vorher bestehenden Persönlichkeit der Frau waren noch erhalten, sodass die Besetzung nicht offensichtlich war für die Bekannten und Freunde dieser Frau. In der psychokinesiologischen Behandlung konnten wir leicht Kontakt mit dem Geist des Verstorbenen herstellen und auch Kontakt zu dem Geist der Frau aufnehmen, der verzweifelt versuchte, den Körper wieder voll zu übernehmen. Nach einer 20-minütigen Behandlung konnte der Geist des verstorbenen Mannes einsehen, dass er hier nicht zu Hause war, und wir konnten ihn auf seinen eigenen spirituellen Weg weiterschicken. In diesem Moment kehrte der Geist der Frau wieder vollständig in den Körper zurück. Die Patientin verließ die Behandlung wieder mit ihrer alten fröhlichen, angenehmen Persönlichkeit und zeigte in den letzten vier Jahren auch keinerlei Zeichen von Rückfall mehr.

Das Ereignis, das zu der Besetzung geführt hatte, lag zwei Jahre vor Beginn meiner Behandlung. In diesen zwei Jahren war die Frau in mehreren psychiatrischen Kliniken gewesen und von einigen der führenden Psychiater in den USA behandelt worden unter verschiedenen medizinischen Diagnosen, einschließlich ‚multipler Persönlichkeitsspaltung‘, ‚Schizophrenie‘, ‚manischer Depression‘, ‚Psychopathie‘ u. a.

[...] Das Charakteristische einer Besetzung ist, dass ein Teil des Nervensystems des Patienten übernommen wird von dem Geist einer anderen Person oder einer Gruppe von Personen, und dass dies ohne Einverständnis des Patienten geschieht.''

Besetzungen können verhindert werden, wenn man vor und während einer Narkose mit der Engelessenz / dem Engelöl No. 32 | Sorihael in Kombination mit der Engel-Aura-Essenz „Energetische Abgrenzung" oder „Erzengel Michael" arbeitet.

Harmloser als Besetzungen sind anhaftende Seelen[25] und Fremdenergien. Diese werden vor allem von Babys und Kleinkindern deutlich wahrgenommen. Lesen Sie mehr darüber in meinen Büchern „Heilende Engelessenzen und Engelöle" und „Engelsymbole für Kinder".

[25] Siehe Glossar

Glossar

Höheres Selbst:
auch „Sonnenengel" genannt, ist der Göttliche Anteil, die Göttliche Führung eines Menschen ↘ 13

Karma:
„Lernprogramm", das der Mensch in sein jeweiliges Leben mitbringt
↘ 14,27

Rückführung:
energetisch-therapeutische Arbeitstechnik, bei der Blockaden aus früheren Inkarnationen aufgelöst werden
↘ 24

Seele, anhaftende oder erdgebundene:
Seele eines Verstorbenen, die noch nicht den Weg ins Licht gegangen ist und sich an Menschen, auf Plätzen oder in Räumen festgesetzt hat
↘ 169

Seelengruppe, Seelenfamilie:
Gruppe von Menschen, die auf der Geistigen Ebene, der Seelenebene, zusammen gehören und einen gemeinsamen Auftrag oder eine gemeinsame Lernaufgabe zu bewältigen haben ↘ 25,27

Übertragungskarte

Auf die Spirale stellen Sie eine Essenz oder ein Öl. Auf den Kreis legen Sie ein Foto jener Person, der Sie helfen möchten.

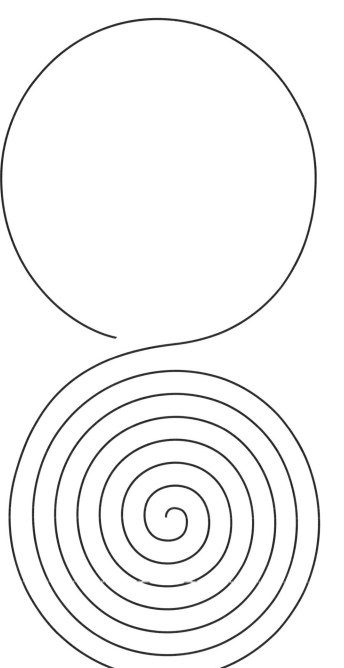

← Seite 170
Seite 171

mit 49 Farbkarten

mit 18 Therapie-Symbol-Sets

Publikationen

Heilende Engelsymbole
49 Schlüssel zur Engelwelt
Farbkarten und Handbuch

Heilen mit Engel-Therapie-Symbolen
18 Therapie-Symbol-Sets beigelegt

49 wunderschöne, heilende Symbolkarten mit zugehörigem Handbuch. Einfühlsam und leicht verständlich ermöglicht Ihnen dieses Buch einen natürlichen Zugang zur Engelwelt. Alle, die Rat und Trost brauchen oder körperliche Beschwerden haben, können sich mit diesem Set die bezaubernde Engelwelt erschließen und deren Unterstützung nutzen.

Die im Buch vorgestellten Engelsymbole verhelfen Ihnen dazu, Blockaden im seelischen und körperlichen Bereich zu lösen und die Chakren, Wasser, Nahrungsmittel und Vieles mehr zu energetisieren. Auch die verschiedenen Karten-Legesysteme bergen eine Fülle von Anwendungsmöglichkeiten.

So lassen sich mit Hilfe der kraftvollen Symbolkarten Fragen zu den Themen Selbsterkenntnis, Lebensweg, Lernaufgabe, Vergangenheit - Gegenwart - Zukunft usw. beantworten. Sie dienen darüber hinaus als Tageskarte, als helfender Schutzkreis sowie zur Fernheilung und Meditation

In diesem Buch werden 147 Engel-Therapie-Symbole vorgestellt, die Ingrid Auer auf geistigem Weg direkt aus der Engelwelt empfangen hat. Mit diesem Symbolen werden Selbstheilungsprozesse beschleunigt, Selbsterkenntnis gefördert und die persönliche, spirituelle Entwicklung unterstützt.

In diesem Band übermittelt die Autorin nicht nur eigene Erfahrungen und Tipps aus der Praxis, sondern auch genaue Arbeitsanleitungen, Arbeitslisten, Hilfstabellen und jede Menge anschauliche Fallbeispiele. Die klare Sprache des Buches eröffnet jedermann, der Engelhilfe für sich, für die Familie, für Freunde oder aber auch für Klienten und Patienten benötigt, einen leicht verständlichen Einstieg in die Welt der Engel-Therapie-Symbole.

Verlag „Die Silberschnur"
ISBN 3-89845-007-4

Verlag „Die Silberschnur"
ISBN 3-89845-001-5

mit 18 Pendeltabellen

mit 21 Engelsymbolen für Kinder

**Heilende
Engelessenzen und Engelöle**
Energien der Neuen Zeit

Engelessenzen
Engel-Kombi-Essenzen
Engel-Kombi-Öle
Engel-Aura-Essenzen

In ihrem dritten Band geht die Autorin im Einzelnen auf die Bedeutung der hochenergetisierten Engelessenzen und Engelöle ein, die uns Menschen des dritten Jahrtausends als Geschenk der Engel zur Heilung dargeboten werden. Durch seine übersichtliche und klare Struktur stellt das Buch nicht nur eine sinnvolle Ergänzung der ersten beiden Bände dar, sondern unterstützt Therapeuten wie Laien bei der richtigen Auswahl und effizienten Handhabung im Anwendungsbereich.

Verlag „Die Silberschnur"
ISBN 3-89845-44-9

Engelsymbole für Kinder
Liebevolle Begleitung im Alltag

Kinder sind - meist unbewusst - für viele Erwachsene Mittler zwischen der irdischen und der geistigen Welt. Sie stehen in den ersten Lebensjahren noch intensiv mit der Engelwelt in Kontakt. Leider werden sie von vielen Erwachsenen nicht ernst genommen und bleiben dann mit ihren Erfahrungen unverstanden und fühlen sich alleine.

Dieses Set soll Kindern und Eltern helfen, mit der Engelwelt spielerisch wieder in Kontakt zu treten oder ihre bestehende Verbindung zur Engelwelt zu verstärken. Das Buch beschreibt dabei kindgerecht, wie die auf den beiliegenden runden Karten gedruckten Engelsymbole in den Alltag integriert werden können. Es versteht sich aber auch als „Spirituelles Aufklärungsbuch" für alle Erwachsenen, denen der ursprüngliche, natürliche Zugang zur Engelwelt im Laufe ihres Lebens verloren gegangen ist und hilft ihnen, diesen wieder zu finden.

Verlag „Die Silberschnur"
ISBN 3-89845-065-1

mit 21 Farbkarten

Praxishandbuch der Engelsymbole und Engel-Therapie-Symbole

Heilende Engel-Transformationssymbole
Neue Energien für Ihre spirituelle Weiterentwicklung
Farbkarten und Handbuch

Mit diesem Buch gibt Ingrid Auer dem Leser ein Arbeitsbuch an die Hand, mit dessen Hilfe es wirklich jedem möglich ist, sowohl die Engel-Symbole als auch die Engel-Therapie-Symbole auf ganz einfache und unkomplizierte Art und Weise zu verwenden. Dabei hat sie großen Wert darauf gelegt, die Anwendungen so einfach wie nur möglich zu erklären - ähnlich einem Kochbuch, in dem es heißt:
Man nehme...

Dieses Buch geht dabei weit über die in den vorigen Büchern beschriebenen Anwendungen hinaus, indem es detailliert aufzeigt, wie man diese segensreichen Symbol-Karten noch nutzen und einsetzen kann.

Im Mittelpunkt stehen 21 neue, energetisierte Engelsymbolkarten, die sowohl für Laien als auch für Energie-Therapeuten ein unentbehrliches Arbeitsmittel darstellen. Sie sind als wertvolle Ergänzung und Erweiterung zu den bestehenden Engelsymbolkarten der Autorin gedacht.

Darüber hinaus bietet das Buchset grundlegende Informationen über die Engelwelt sowie neue Erkenntnisse über den Transformationsprozess (= Lichtkörperprozess). Anschauliche Arbeitsanleitungen erleichtern den Einsatz der Engel-Transformationssymbole in der täglichen Anwendung.

Verlag „Die Silberschnur"
ISBN 3-89845-132-1

Lichtpunkt & Ekonja-Verlag
ISBN-10 3-9502151-0-7
ISBN-13 978-3-9502151-0-6

Meditieren mit den Erzengeln Michael, Gabriel und Jophiel.
ISBN 3-89845-027-9

Meditieren mit den Erzengeln Zadkiel, Metatron und Chamuel.
ISBN 3-89845-043-0

Meditieren mit den Erzengeln Raphael, Uriel und deinem Schutzengel.
ISBN 3-89845-055-4

Engel begleiten durch Schwangerschaft und Geburt
ISBN 3-89845-056-2

Engel heilen deine Aura und Chakren
ISBN 3-89845-071-6

Begegne deinen Schutzengeln
ISBN 3-89845-070-8

Heile dich selbst
ISBN 3-89845-028-7

Kinder lieben Engel - Engel lieben Kinder
ISBN 3-89845-029-5

← Seite 174

Seite **175**

Kontakt

**Lichtpunkt & Ekonja-Verlag
Ingrid Auer GmbH**

Herstellung und Generalvertrieb
Wiener Straße 49
A-3300 Amstetten

t +43 (0) 664 / 48 00 676
f +43 (0) 7472 / 69 172

info@engelsymbole.at
www.engelsymbole.com

Lichtpunkt Deutschland

Marlene Damblon
Benediktinerstraße 16
D-52066 Aachen

t +49 (0) 241 / 99 67 641
f +49 (0) 241 / 96 90 546

marlenedamblon@engelsymbole.de
www.engelsymbole.de

Lichtpunkt Schweiz

Andrea Frosch
Obere Haldenstrasse 5
CH-8196 Wil/ZH

t +41 (0) 44 / 869 48 37

info@engelsymbole.ch
www.engelsymbole.ch

Carmen Studer
Riesenbergstrasse 18
CH-8362 Balterswil

t +41 (0) 71 / 971 20 65